Allô Lolotte, c'est Coco

CLAUDE SARRAUTE | *ŒUVRES*

DITES DONC!
ALLÔ LOLOTTE, C'EST COCO | *J'ai lu* 2422**

Claude Sarraute

Allô Lolotte, c'est Coco

Éditions J'ai lu

— Écoute, Patrice, c'est mon ventre. Et j'ai le droit de...

— Ton ventre, t'en fais ce que tu veux, c'est pas le problème.

— C'est quoi, le problème ?

— Enfin, Lolotte, tu sais très bien. C'est quand il en giclera de ton ventre, ce chiard que...

— Pas du tout ! C'est très mignon, un bébé. Et puis la question n'est pas là. J'ai besoin d'en avoir un. Point à la ligne.

— À ton âge, tu crois pas que...

— Quoi, mon âge ? Il y a des tas d'actrices qui en ont à quarante-trois ans et même plus. Tiens, Raquel Welsh, il paraît qu'elle en veut un.

— Tu ne vas quand même pas te comparer à...

— Ça y est ! Tout de suite des remarques désagréables !

— Arrête, tu veux ! C'est une remarque de simple bon sens. T'es pas une star, t'as pas le fric, t'as pas le standing, t'as rien.

— Si, je gagne pas mal, là, maintenant, je peux m'arranger.

— Tu te rends pas compte ! Tu y arriveras jamais : les pampers, les biberons, les baby-sitters, les petits pots, les...

— Tu pourras un peu m'aider quand même !

— Là, sûrement pas ! Moi, je dois bosser. Alors ton plan lardon, merci bien, mais non merci. Et puis, je suis pas là pour la vie, tu le sais très bien.

— Mais, tu pars quand tu veux ! Je te retiens pas ! Je me débrouillerai très bien sans toi.

– Tu parles ! Et quand il aura vingt ans, le gamin, toi, ça t'en fera... Tu y as pensé à ça ?

– Justement, je ne pense qu'à ça depuis la mort de ma mère. Il me faut un contrepoids. Un enfant, c'est la vie, c'est l'avenir...

– C'est un maximum d'emmerdes et une énorme responsabilité. Je t'assure, maman, t'as pas le droit de...

– Ah, je t'en prie, ne m'appelle pas « maman ». Je supporte pas. On dirait Reagan parlant à sa femme. C'est d'un ringard !

– Et toi, tu crois pas que tu fais ringarde avec tes idées d'intello soixante-huitarde, genre mon ventre il est à moi et toutes tes conneries de femme libérée.

– Ça suffit comme ça, Patrice ! Non, mais tu as vu sur quel ton tu me parles ? Je ne suis pas ta copine. Je suis ta mère. Tu pourrais essayer de t'en souvenir.

Vous avez aimé ce début ? Oui ? J'en étais sûre. Quand j'ai montré mon manuscrit, en fait c'était plutôt un brouillon, à mon éditeur, non pas le patron de la boîte, il est trop grand monsieur, à Françoise Verny, elle a commencé à lire. Je guettais ses réactions : Alors, comment tu trouves ? Pas mal, non ? Plutôt rigolo, hein ? Et elle : Qui c'est ces gens ? Tu pourrais au moins me les présenter. Où t'as été élevée ? C'est pas que ce soit méfiant ou indiscret, le lecteur, c'est pas le mauvais coucheur, mais ça aime savoir qui ça fréquente. Avant de les mettre dans un roman, tes personnages, faut établir leurs fiches d'état civil. Nom, âge, sexe, profession, adresse, photographie de face et de profil.

Vous avez une drôle de mentalité, dites donc, les mecs ! Des vrais flics ! Là, désolée, vous m'en demandez trop. Je ne suis pas les Renseignements généraux. Lolotte, je la connais comme ça, bonjour-bonsoir, elle travaille dans mon canard. Elle doit avoir dans les quarante-deux, quarante-trois ans. Elle est brune-blonde, ça dépend des jours, ou plutôt de la date de son dernier balayage.

Elle n'est pas mal. Même assez mignonne. Sauf quand elle porte des lunettes. Ça lui va pas. Des verres de contact, elle en met de temps en temps. Pas souvent. Elle n'arrête pas de les paumer. C'est justement ce qui vient d'arriver... Merde ! Déjà qu'elle est en retard pour aller bosser ! Elle va demander à son fils – il doit être en première année de Sciences-Po, ou en seconde, je sais plus – de regarder si elle serait pas tombée sous le lavabo, sa lentille... Tu la vois ?

Ça m'étonnerait qu'il la retrouve. Cette salle de bains, c'est un vrai foutoir. Le reste de l'appart aussi d'ailleurs. Une tente bédouine au troisième étage d'un vieil immeuble dans un quartier chiant, genre XVIIIe arrondissement. Pourquoi ils vivent là ? Oh, la barbe ! Vous n'allez pas m'obliger à vous expliquer tout, tout de suite. Je vous dirai ça une autre fois.

Lolotte est arrivée au journal d'une humeur de dogue. Furieuse après son gosse. Et après elle-même. Si elle ne l'avait pas élevé copain-copain, il ne se permettrait pas de... Quelle heure il est ? Neuf heures et demie. Si elle appelait la Miche, c'est une copine, pour lui en parler ? Elle a des trucs à taper, mais bon, ça attendra.

– Allô, c'est toi ? C'est Lolotte. Tu sais, avec Patrice ça va pas du tout.

– Qu'est-ce que tu lui as encore fait ?

– Mais rien. Absolument rien. On bavardait comme ça, gentiment, dans la salle de bains. J'étais en train de mettre mes yeux, enfin... mes verres de contact. Et puis là, je lui dis un truc, je sais plus moi... Rien, quoi... Et ça l'a mis hors de lui.

– Quoi, rien ?

– Ben, rien, un truc plutôt gentil : que j'avais l'intention de lui donner un petit frère ou une petite sœur pour Noël.

– Tiens, c'est plutôt marrant, c'est vrai. Mais je vais te dire... Le prends pas mal... Patrice, c'est le mec consciencieux, bûcheur, super-intelligent, tout ça, mais il a pas tellement le sens de l'humour. Alors ce genre de vannes !

– Je lui demandais pas d'avoir le sens de l'humour, je lui demandais d'avoir le sens des responsabilités. J'espérais qu'il m'aiderait à m'occuper du bébé.

– Attention ! Attention ! Minute ! Tu parles sérieusement, là ? Tu... Non, mais c'est pas vrai ! À ton âge !

– Quel âge ?

– Ben, je ne sais pas, moi... Appelons ça la préménopause. Entre la période de la pilule et l'ère du gel.

– Quel gel ?

– Le gel aux œstrogènes.

– Ah, ouais ! les hormones qu'on se frotte sur le ventre. J'en suis pas encore là. Remarque, j'en suis pas tellement loin, t'as raison. Justement, paraît que si j'avais un bébé là, maintenant, ça retarderait le processus du vieillissement. D'ailleurs, il y a un tas d'actrices, je le disais justement à Patrice...

– Tiens, pendant que tu y es, si tu veux vraiment t'offrir un coup de jeune, tu devrais faire comme Claudia Cardinale. Un grand fils, ça va te vieillir terriblement. Tu devrais le jeter. Ou le donner. Ou le planquer. Ou l'envoyer dans un coin où ça se voit pas, en Australie, par là...

– Mais non, pas du tout, je trouve ça très chic, très moderne, au contraire, un garçon de dix-neuf ans et un bébé de quatre mois. C'est bien, non ?

– Ça dépend pour qui. Patrice, tu lui bousilles la vie.

8

— Pourquoi ?

— Ben, voyons ! Comme je te vois, t'es partie pour en faire un fils-père, obligé d'interrompre ses études, de tout lâcher pour faire fille de salle à la Pitié-Salpêtrière. Tout en suivant des cours pour devenir infirmière. De nuit. Comme ça, pendant que toi tu bavasses au bureau, il pourra s'occuper de la gamine.

— Tout de suite une fille ! Ce sera peut-être un garçon.

— Tu voudrais bien, hein ! Ça se dit féministe, ça a signé le manifeste des 343 salopes pour l'avortement, ça cotise à Choisir et ça se récrie à l'idée de mettre au monde une pauvre petite pisseuse au lieu d'un beau gros branleur. Tiens, tu me fais penser à Gisèle Halimi. Jamais elle ne parle de ses enfants. Elle dit toujours « mes fils ». Des fois qu'on croirait qu'il y a une nana dans le tas. Remarque que là, pour toi, en effet, un garçon, c'est moins risqué.

— Pourquoi tu dis ça ?

— Parce que ta fille, Patrice, après tous les sacrifices qu'il aura faits pour elle, pas de profession, pas de femme, pas d'enfant à lui, il va se la taper à tous les coups. Elle aura pas treize ans, qu'il lui dira : Viens, viens, ma petite Agnès, viens sur mes genoux, viens ma poupée. Où il est le petit chat à ma Lolita, hein ? Où ça ? Montre à tonton Pat.

Le même soir, un vieux copain de Lolotte, ils ont vaguement couché ensemble il y a des années, un correspondant à l'étranger de passage à Paris, se pointe chez elle. Ned, il s'appelle. Elle lui a proposé de venir prendre un verre avant d'aller voir *Hannah et ses sœurs,* le film de Woody Allen, à la séance de vingt heures. Ou elle a oublié ou elle est en retard. Elle n'est pas là. Patrice, si.

— Entre, Ned, installe-toi et attends un moment.

9

Elle va peut-être pas tarder. Moi, il faut que je me casse, j'ai une soirée.

– On peut savoir où tu vas ?

– Non, on peut pas. Information strictement confidentielle à ne transmettre sous aucun prétexte à un journaliste sur le retour essayant de se recycler dans l'investigation style Watergate.

– Si on ne peut même plus te demander... Je croyais que tu passais un examen dans huit jours...

– Oh ! écoute, je t'en prie. Occupe-toi de ton cul. Surtout qu'il chôme pas, j'ai l'impression, en ce moment, hein, mon cochon ! C'est toi qui as fait ce gosse à ma mère ?

– Comment ! Quel gosse ?

– T'es pas au courant ? Alors, c'est un scoop !

– Quand est-ce qu'elle t'a parlé de ça ?

– Ben, là, ce matin, dans la salle de bains. Elle avait encore paumé un de ses verres de contact. Elle fonce dans ma chambre, elle me secoue, elle me tire du lit, elle m'oblige à ramper sous le lavabo et derrière le bidet pour chercher sa putain de lentille. Naturellement, je ne la retrouve pas. Ça la fout de mauvais poil. Et avant que j'aie eu le temps de me relever, elle m'assomme, allez, tchlac, un grand coup dans la gueule : Je vais avoir un môme.

– Attends, attends, attends ! Je vais avoir ou je veux avoir ?

– Je sais plus.

– C'est important.

– Je me rappelle plus, je te dis.

– Tu ne vas tout de même pas me faire croire que tu ne te souviens plus de...

– Non, mais c'est pas possible, tu devrais quitter l'étranger et passer aux informations générales, section police ! De toute façon, quelle importance ? Elle veut. Ou elle va. Si elle est enceinte, c'est pas de douze semaines, ça je te le garantis, c'est plutôt de douze heures. Elle peut encore changer d'idée. C'est ce que je lui ai conseillé.

– Tu lui as conseillé de se faire avorter ?

– Ben, tiens ! Je le lui ai dit sur tous les tons. Justement, ça lui a pas plu, ça l'a agacée. Et c'est là qu'elle m'a dit pour toi...

– Que j'étais le père du gamin ? Ça alors !

– Non, ça elle a pas précisé. Le mien.

– Ton père à toi ? Moi !

– Ben, oui, elle m'a changé de père encore une fois. Maintenant c'est toi.

– Enfin, c'est fou, c'est faux, c'est...

– Mais je te crois, je te crois, t'énerve pas comme ça. T'as honte de moi ou quoi ? Excuse-moi, mais c'est plutôt pour moi que c'est pas tellement reluisant. Se retrouver brusquement le fils d'un vieux reporter, chauve, cradingue, sous-payé, mal rasé, qui se prend pour Maigret, franchement, c'est pas la joie. Surtout que là, je tombe de haut.

– C'était qui, déjà, ton père ? je ne me rappelle plus.

– Ben, tu sais bien, un grand chirurgien, le mec de Médecins sans Frontières, qu'elle a rencontré à...

– Ouagadougou, oui, c'est ça, ils opéraient sur une cantine militaire sous une lampe à kérosène. Tu l'avais depuis quand, celui-là ? moi je m'y perds.

– Trois, quatre ans. Avant, c'était encore mieux. Celui-là, on te l'a caché. C'est pas dans la collection Harlequin, c'est dans Barbara Cartland qu'elle l'a trouvé. C'était top secret. Un lord anglais, héritier d'une immense fortune. Elle me l'a balancé le soir où on est allés dîner sur le bateau-mouche, tu te souviens, pour fêter mon entrée au lycée. On rentre. Elle vient me dire bonne nuit, elle s'installe au bord de mon lit et elle me dit que comme j'étais un gentil petit garçon, que j'avais eu des bonnes notes à la communale et tout, elle allait m'apprendre le vrai secret de ma naissance. Mon papa, c'était pas tonton Loulou, c'était pas tonton Fabien, c'était pas tonton Jean-Marie, dommage, celui-là je l'aimais bien, c'était un noble seigneur qui désirait garder l'incognito. Alors, maintenant, avec toi, tu te rends compte, je tombe de haut ! Dis donc, c'est pas tout ça, mais faut que j'y aille, je suis déjà en retard. Jusqu'à quand tu restes à Paris, mon petit papa chéri ?

— Arrête de m'appeler comme ça, Patrice, c'est pas drôle. Pourquoi tu me demandes ça ?

— Pour venir déjeuner avec toi et te taper. J'ai besoin d'une nouvelle paire de godasses.

— Ça me rend malade qu'elle puisse te raconter des histoires pareilles. Tu sais ce que j'en pense, je le lui ai dit cent fois, je...

— Mais ne t'en fais pas... Les pères, j'ai l'habitude d'en changer, c'est pas grave. Remarque, que ce soit celui-ci ou celui-là, j'en ai toujours eu un. De ce côté-là, j'ai manqué de rien. Maintenant, si tu me dis que tu n'es pas mon père, moi je veux bien, mais alors du coup c'est qui ? Cette lancinante interrogation, ça c'est sûrement très mauvais pour ma santé psychique, surtout en pleine période d'examens.

— Ça, elle va m'entendre !

— Oui, ben quand tu l'engueuleras en lui disant qu'il faut pas raconter des histoires aux enfants, pense à lui dire de me trouver un autre père avant d'aller se coucher. Et de me laisser un mot sur mon oreiller. Ah et puis pendant qu'elle y est, les lords, les toubibs, les rédacteurs ringards, à Sciences-Po, j'en ai pas tellement l'usage, tu vois. Si elle pouvait chercher côté politiciens. Ils se seraient rencontrés au lycée, un mec très doué, la bête...

— Fabius ?

— Non, son avenir, j'y crois pas. Plutôt Léotard. Ou même Toubon.

— Pourquoi pas Mitterrand, il paraît qu'il a déjà une gamine cachée quelque part.

– Trop vieux. Trop usé. Non, la Mitte, merci bien. Elle en a déjà piqué un à Barbara Cartland, elle va pas m'en dégoter un autre dans le bouquin de Françoise Giroud, tu sais, le film avec Deneuve. Non, ça, rien à faire ! Allez, tonton Ned, sois mimi, essaie de me décrocher un tonton Léo ou un tonton Toutou, OK ? Allez, tchao ! Tu sais où est le whisky ? Il doit rester un ou deux verres propres dans le buffet de la cuisine. Et la télécommande... Attends... je sais pas où elle est... Regarde sur la pile de bouquins à droite du canapé. Bon, allez, salut.

Qu'est-ce qu'il va faire, Ned ? D'abord râler. Où elle est encore passée, Lolotte ? C'est quand même un peu raide. Elle lui bousille sa soirée. Et il n'en a pas à revendre. Sur cinq semaines de vacances, il va devoir en passer une chez sa mère à Mimizan. Plus un grand week-end à Saint-Jean-de-Luz avec... Mais qu'est-ce qu'elle fout, Bon Dieu ? Ce genre de bonnes femmes, complètement irresponsables, il faudrait les stériliser à la naissance, les empêcher de se reproduire.

Bon, allez, tant pis. Ou tant mieux. Si Olivier est encore chez lui, il va lui proposer de l'emmener dîner. Où est le téléphone ? Non, c'est pas vrai ! Quel foutoir ! Comment Patrice a-t-il fait pour croître et embellir dans un tel merdier ?

Lolotte fait le pied de grue devant le cinéma. Le film vient de commencer. Non, mais c'est pas vrai ! Qu'est-ce qu'il fout, ce con ? Elle lui avait pourtant bien dit... Elle aurait dû l'obliger à marquer l'heure et le nom du cinéma sur son carnet. Il n'a pas compris. Il a confondu. Il a peut-être cru que... Oui, ça doit être ça, il est passé prendre un verre chez elle, avant pas après la séance. Si Patrice est là, il lui aura ouvert. Faudrait essayer de téléphoner rue Cardinet pour voir.

Qu'elle essaie ! Moi, je n'en suis pas. Ces histoires de télécartes ou périmées ou oubliées, de cabines détraquées, j'en ai par-dessus la tête. De toute façon, elle devrait savoir qu'il n'est pas question d'appeler qui que ce soit d'où ce que ce soit dans Paris. Elle n'a qu'à se démerder toute seule. Je préfère la retrouver demain au bureau.

Bonne occasion de vous raconter la matinée d'une secrétaire dans une grosse boîte, grosse ou moyenne, c'est pareil. Si ça vous amuse, vous lisez. Sinon, vous sautez et on se retrouve page 21 pour déjeuner avec Lolotte et Ned, d'accord ?

Bon, alors, ce bureau. C'est petit, c'est sombre, ça donne sur la cour. C'est éclairé au néon. C'est moche mais pour le moment, c'est rien que pour elle. La fille avec qui elle partage ce placard à balais est en congé maladie. Elle déprime depuis des semaines.

Lolotte vient d'arriver. En retard naturellement. Elle accroche son manteau et elle décroche le téléphone. Tous les matins depuis... ben, depuis qu'elle fait appartement à part, elle appelle ses parents. Quand Patrice était petit, il allait chez eux après l'école et elle passait le chercher avant de rentrer. Elle habite à deux pas. Exprès. Elles avaient toujours un maximum de choses à se dire, sa mère et elle. Ne serait-ce qu'à propos de Patrice. Il l'appelait Grany. Grany et Papy. Maintenant que sa mère n'est plus là, cette façon de sonner chez son père, de passer tous les jours, à la même heure, une tête furtive, distraite, dans la solitude de ce vieux monsieur, cassant, fragile, complètement imprévisible, la gêne, l'intimide. Elle a l'impression de jouer un rôle, le rôle d'une fille à la fois trop et pas assez attentionnée. Et de le jouer mal.

— Allô, papa ?
— Qui est là ?
— Moi, voyons, papa... Lolotte. Qui veux-tu que ce soit ?
— Pourquoi m'appelles-tu ?

– Mais, mon chéri, pour rien, pour te dire bonjour, pour...

– Pour me surveiller. Pour voir si je n'ai pas fait de bêtises. Pour t'informer de ma santé.

– Pourquoi tu dis ça sur ce ton : m'informer de ta santé ? Ça fait des années que je vous appelle tous les jours, toi et maman.

– Oui, mais maintenant, ta mère n'est plus là et...

– Qu'est-ce que tu essaies de me dire, papa ? Que je suis indiscrète, que tu as une petite amie et que ça vous dérange, mes coups de fil réveille-matin ?

– Comment ? Qu'est-ce que tu as dit ? C'est insensé ! Jamais je n'accepterai qu'on ose me sortir une chose pareille.

– Mais papa, c'est pas « on », c'est moi, c'est Lolotte, je plaisante...

– Ah ! Parce que je suis devenu un objet de plaisanteries, maintenant ! Même pas un sujet, un objet. Qu'on trimbale, qu'on déplace sans lui demander son avis, qu'on pose et qu'on reprend.

– Qui parle de te déplacer ?

– Un vieux gâteux, retombé en enfance... C'est ça, hein, c'est comme ça que tu me vois, c'est comme ça que tu me traites. C'est ignoble, tu m'entends, c'est une honte. Jamais, non jamais... Jamais, je n'aurais... Jamais... Ah ! Et puis tiens, tu me dégoûtes !

– Allô, allô, papa, je t'en supplie, calme-toi. Papa ! Allô ! Oh ! il a raccroché.

Qu'est-ce qui lui a pris ? Pourvu que Patrice ne soit pas encore parti à ses cours. Il faut qu'elle lui raconte... Merde ! C'est occupé. Remarque, ça prouve qu'il est encore là. Le temps de préparer le café et elle rappelle : toujours occupé. Ce qu'il est emmerdant ! Elle va essayer encore un coup et si...

– Ah ! c'est toi ! Enfin ! Écoute. Je suis très inquiète. Je ne comprends pas... Papy vient de me faire une scène épouvantable au téléphone. Pour rien. Absolument pour rien. C'était complètement dingue.

– Ça t'étonne ?

– Forcément, oui ! Pas toi ?

– Non, il y a des moments où Papy débloque complètement. Pas souvent mais ça arrive.

– Qu'est-ce que tu dis ?

– Ce que je vois. Et ce que tu ne veux pas voir. Parce que, comme toujours, tu refuses de regarder les choses en face. À commencer par lui. Tiens, son regard justement ! Par moments, il devient fixe, absent ou même menaçant. Il oublie tout. Il perd la mémoire. L'autre jour quand je suis passé, il avait oublié de fermer le robinet du gaz. Heureusement que c'était la veilleuse et que je suis arrivé à temps.

– Ça, il a toujours été très distrait, incapable de se débrouiller seul. Ma mère le servait au doigt et à l'œil.

– Bon, bon, c'est très bien ! Si tu trouves que tout est normal, que tout va bien, où est le problème ? Pourquoi tu m'appelles ? Ça pouvait pas attendre ce soir ? Qu'est-ce qui se passe ? T'es une pauvre petite fille qui s'est fait gronder par son papa ?

– Enfin, Patrice, qu'est-ce que tu essaies de me dire, là ? Que Papy a fait une crise de démence sénile ?

– Je n'en sais rien. Je ne tenais pas l'écouteur. Mais il est évident qu'il a beaucoup baissé depuis Broussais. Remarque, ça dépend des jours, il est souvent très...

– Mais ça, on le savait, je te l'ai toujours dit. Il n'y a rien de plus mauvais pour une personne âgée qu'un séjour à l'hôpital. Même court. Et là quand même il est resté... Bon, enfin, on ne va pas revenir là-dessus.

– D'accord, c'était prévisible. Et alors ? Qu'est-ce que ça change ? Moi, chaque fois que j'y vais, ça me serre le cœur de le voir prostré là, tout seul, dans son fauteuil, abandonné...

— Faut pas exagérer, Mme Debaizieux passe quand même deux fois par jour.

— Oui, trois quarts d'heure. Même pas. Et le reste du temps...

— Qu'est-ce que tu suggères ? Qu'on le prenne à la maison ?

— Je croyais que c'était un petit frère que tu voulais m'offrir pour mes étrennes. Remarque, j'aime autant un grand-père. Ou même les deux, tiens, pourquoi pas ? Pendant qu'on y est ! Les voitures d'enfants, les fauteuils roulants, les bouillies, les pampers premier ou troisième âge, quand il y en a pour un, il y en a pour...

— Oh ! je t'en prie ! C'est d'un goût ! Tiens, je raccroche. J'ai autre chose à faire qu'à écouter ce genre de plaisanteries. J'ai du boulot, moi.

Pour le moment, son boulot, c'est serveuse. Elle sort une tasse de son armoire, celle de son... Comment vous dire ? C'est pas son chef à elle, c'est le sous-chef du service. Il règne sur quatre ou cinq rédacteurs qui font tous appel à Lolotte. Plutôt dans le style copain-copain. Pas trop, un peu quand même, juste ce qu'il faut pour maintenir les distances, sans les marquer. 1968 revu et corrigé par 1986. Où elle en est, là, Lolotte ? Ah oui ! Elle est allée servir le café de Ballotin. Avec deux *ll,* il y tient. Il rouspète, sans relever le nez de la copie qu'il est en train de relire. Ça fait une heure qu'il essaie de l'appeler, c'est toujours occupé. Est-ce trop lui demander que de s'arracher ne serait-ce que quelques minutes à ses histoires de famille pour joindre Delteil au ministère et le lui passer ? Ah ! Et pendant qu'il l'a sous la main, il faudrait...

Le temps de noter un certain nombre de trucs à taper, de gens à contacter, d'articles à découper, et Lolotte retrouve sa cafetière vide et son bureau plein. De tasses sales ! Les rédacteurs sont passés, se sont servis et s'en sont allés. La vaisselle, c'est pour sa pomme. Ah ! les salauds ! Pour qui ils la prennent ? Pour la bonne ? Le téléphone sonne sans arrêt. Elle répond, excédée. Ouvre et trie le courrier. Et puis... Et puis, c'est marre ! Elle a quand même le droit de boire un petit noir tranquillement, en arrivant, comme tout le monde.

Elle sort sa propre tasse d'un tiroir fermé à clé où elle planque ses cigarettes, ses ciseaux, son collant de rechange. Et elle descend voir si Coco, il ne lui en resterait pas un peu. Coco, là, j'ai pas tellement le temps de vous le raconter, mais enfin, bon, c'est son copain de régiment. Même boulot. Même boîte. Même situation de famille ou presque : mère célibataire, un garçon contre mère divorcée, une fille. Même bonhomme. Coco a laissé tomber JJ, le père de sa gamine. Lolotte l'a ramassé et se l'est gardé. Même attachement aux parents. Ceux de Coco habitent Arcachon.

Elle n'a plus une goutte de café, Coco, mais bon, elle va en refaire. Il y en a pour une minute.

— D'ailleurs, faut que je te raconte un truc. Stéphanie a un petit ami. Si, si, je t'assure ! Ça fait déjà pas mal de temps que je le vois traîner à la maison.

— Tiens, tu m'étonnes. Et tu l'as pas jeté ? T'es pas le genre à laisser traîner quoi que ce soit dans ton living ! Toi et JJ, question rangement, vous étiez bien matchés !

— Oui, bon, ça va, c'est pas le problème. À seize ans quand même, moi je trouve ça...

— Arrête ! Quel âge t'avais quand tu l'as eue, Stéphanie ? Et puis d'abord, comment tu le sais ? Elle te l'a dit ? Je suis sûre que tu te fais des idées.

— Il a passé la nuit dans sa chambre samedi, alors ça me paraît assez clair, non ?

— Ouais, alors là... C'est lequel ? Laurent ? Quel âge il a ?

— Je ne sais pas... Dans les vingt ans. Il est en

deuxième année de droit. Assas. Ses parents habitent Le Vésinet. Au début, il passait souvent rue Gay-Lussac en fin d'après-midi, avant de rentrer chez lui. Et puis, il est resté dîner. Et puis coucher sur le divan du living. Il avait cours tôt le lendemain, alors c'était un peu idiot de faire tout ce trajet pour... Et puis là, samedi, je sors. Je rentre assez tard. Personne. Pas de lumière sous la porte de Stéphanie. Je me suis dit : elle a dû se coucher tôt. Et qui je vois débarquer dimanche matin, sur le coup de dix heures, à la cuisine, sur les talons de la gamine, en liquette, en caleçon, ensommeillé, pas rasé ? Laurent.

– Comment t'as réagi ?

– Je suis restée sans voix. Eux aussi. Ils se sont affalés en bâillant, en se grattant, sans un bonjour, sans un « t'as bien dormi ? » entre les bols, les biscottes et le beurrier. Et ils m'ont regardée, l'air de dire...

– Qu'est-ce que t'attends pour servir le café ? Tu vois bien qu'il est passé. Je dis comme eux. Verse-m'en une tasse. Faut que je remonte. Pourquoi tu leur proposes pas trois lignes à l'œil dans le carnet mondain : Stéphanie et Laurent sont heureux d'annoncer qu'ils ont perdu leur virginité dans la plus stricte intimité le lundi 18 mars à 20 h 30, 96 *bis*, rue Gay-Lussac. Cet avis tient lieu de faire-part.

Elle est remontée, Lolotte. Elle tape un article, un début de lettre. Elle répercute un ou deux coups de fil. Elle va aux toilettes. Pas de papier, naturellement ! Le temps de monter à celles du quatrième, de bavarder autour du lavabo – pas d'eau chaude, naturellement – avec une rédactrice de mode qui lui signale des soldes rue de la Chaussée-d'Antin, quand elle regagne ses pénates vingt minutes après, elles sont squattérisées par un rédacteur pendu à son téléphone. Il cherchait un coin tranquille d'où appeler sa petite amie à l'abri des oreilles indiscrètes. Il est marié. Les copains connaissent sa femme. Et tous les jours, c'est le même cirque. Lolotte entre et ressort : Oh pardon ! Ravie de cette nouvelle occasion de se dégourdir les jambes.

Manque de pot, le rédacteur en question n'en a pas pour longtemps. Ça ne répond pas chez sa copine. En revanche, Ned appelle Lolotte sur une autre ligne. Pas content, Ned : Oui, bon, non, le lapin d'hier, c'est pas le problème, il est sorti quand même. Mais il a bavardé avec Patrice en l'attendant et là, ça ne va pas du tout. Il faut qu'il lui parle. Il passera la prendre pour déjeuner vers treize heures.

Elle se remet à sa machine. Faudrait quand même finir ces lettres avant de... Merde, elle a oublié de retenir une table au restaurant pour un de ses journalistes. À peine a-t-elle raccroché, qu'une déléguée du personnel passe la tête :

– Tu voulais me voir ?

– Ben oui ! Où ça en est, la déprime d'Aline ? Si elle peut pas reprendre, faut la remplacer. Tu te rends pas compte de tout le boulot que j'ai, moi ici. Non, c'est vrai, c'est plus possible. Regarde ce que je me tape depuis la rentrée : une occlusion intestinale, merci Sylvie ! Une fausse couche, bravo Ghislaine ! Une dépression nerveuse, bonsoir Aline ! Je te préviens, le mois dernier, j'ai même pas pris mes deux jours de congé maladie. Pas question de les laisser perdre ce coup-ci. La semaine prochaine, je les rajoute à mon week-end.

Ça vous épate, ça, je parie ! Vous y avez pourtant droit, vous aussi. Mais si, mais si, je vous assure. Voyons, réfléchissez ! Pas un seul directeur du personnel n'ira réclamer un certificat médical pour un arrêt de moins de quarante-huit heures. Alors, à condition, évidemment, de les doser, de les espacer un peu, c'est tout bon. Tiens, vous devriez essayer. Demain matin, vous appelez votre chef, vous dites que vous êtes mal foutu, la migraine, un lumbago, un furoncle à la fesse... Ce que vous voulez. Et vous bouquinez tranquillement. On reste un peu ensemble, quoi !

C'est l'heure d'aller bouffer. Lolotte et Ned sont déjà chez Mimi. Elle n'a naturellement pas pensé à réserver une table. Alors, ils sont obligés d'attendre, coincés entre la caisse et les manteaux pendus au mur, qu'il s'en libère une. Ned est d'une humeur de dogue. Il attaque bille en tête.

— T'es complètement piquée, ou quoi ? Pourquoi aller dire des trucs pareils à un gamin en pleine période d'examens ? Ça risque de le perturber.

— Ah ! non, écoute, j'ai eu une matinée épouvantable. J'ai pas relevé le nez de ma machine. Je suis crevée. Je vais pas m'amuser à redémailler tout le tricot pendant le déjeuner sous prétexte qu'il y a un point là qui déplaît à monsieur. C'est comme ça, pas autrement. Il le prendra comme il voudra, Patrice. C'est vraiment le dernier de mes soucis. Bon, allez, c'est tout ce que t'avais à me dire ? On parle d'autre chose ?

— Enfin, Lolotte, ça va pas ? Tu te rends compte de ce que tu fais ? T'as de la chance qu'il soit aussi solide, Patrice, aussi équilibré, aussi...

— Aussi égoïste, oui ! Quand il s'agit de donner un coup de main, alors là... !

— À quoi tu fais allusion ? À retrouver ton œil ou à élever ton gosse ?

— Ah ! Parce qu'il t'a dit ?

— Ben oui, fallait pas ? C'est un doux secret ? Tiens, à propos, tu m'as pas dit à l'époque que j'étais l'heureux papa de Patrice.

— Ben forcément, on ne se connaissait pas.

— C'est ce que je lui ai dit.

— Comment, tu lui as dit !

Là-dessus, ils vont s'asseoir, commandent le

menu du jour et à peine le garçon a-t-il tourné le dos que Lolotte contre-attaque. C'est de bonne guerre.

— Tu lui as dit que t'étais pas son père ? Eh bien c'est charmant ! Pauvre chat ! Il court se jeter dans tes bras : Enfin ! voilà mon papa. Et toi tu l'écartes : Bas les pattes. Je ne suis pas celui que vous croyez, mon petit ami, je suis un vrai jeune homme. Pas un julot-couche-toi-là.

— Enfin, tu ne voulais tout de même pas que je réponde : Ah, oui, tiens, c'est vrai ! Où avais-je la tête, ça m'avait complètement échappé. Ce gosse, je l'ai connu tout petit, je l'ai pratiquement élevé. Si j'avais été son père...

— Toi ? Élevé Patrice ! Ça c'est un monde ! Je l'ai élevé toute seule mon gosse. J'en voulais pas. Mais quand il a été là, il a bien fallu que je fasse avec. Et je l'ai fait toute seule. Ce ne sont pas les mecs qui sont entrés et sortis de ma vie qui m'ont aidée. Ils m'ont plutôt gênée avec cette manie qu'il avait, Patrice, de se chercher des pères partout. Jusque dans le lit de la nourrice : il se précipitait sur son mari... À la sortie des grands magasins, sous la barbe du père Noël... Un serrurier, je me souviens, j'avais oublié mes clés, on l'attendait sur le palier. Il n'a pas eu le temps de poser sa mallette que le petit lui sautait au cou : hein, c'est toi, mon papa ? Et tonton Fabien et tonton David...

— Moi, en tout cas, il m'a jamais appelé tonton Ned. J'aurais bien aimé. Pourquoi tu ne me l'as jamais refilé ?

— Toi, c'est pas pareil. T'es mon frère, mon copain. Et puis t'es quand même beaucoup plus vieux, enfin tu parais... Mais si, qu'est-ce que tu veux, c'est vrai. Tu ressembles plus à rien. Ça fait des années que je te tanne avec ça... Tu te laisses aller.

— Ah ! C'est pour ça ! C'est parce que je suis vieux, moche et dégoûtant que tu m'as balancé à Patrice, ce matin ? Rien que pour l'emmerder !

— Enfin, mon chat, tu ne vas pas te formaliser pour si peu. J'ai dit ça comme ça... J'aurais voulu que tu voies sur quel ton il m'a parlé, comment il m'a répondu au sujet du bébé...

— Ah tiens ! Je l'avais complètement oublié celui-là. Je ne sais plus où j'en suis avec toute cette marmaille qui me dégringole sur la tête brusquement.

— Écoute, mon petit Ned, je vais te faire une proposition. Je te retire Patrice, et tu me prends l'autre en échange.

— Attends, attends, attends, qu'est-ce que tu essaies de me dire là ?

— Tu comprends pas le français ou quoi ? Je dis à Patrice que la langue m'a fourché, que t'es pas son père à lui, que t'es le père du bébé.

— Le père du bébé ! Non, mais t'es malade ! Est-ce qu'il est en route d'abord ? Parce que ça, moi, avec toi... Pas question.

— Qu'est-ce que t'en sais ? Ça fait des années qu'on n'a pas essayé.

— Il ne manquerait plus que ça ! Rien que d'y penser, ça me soulève le cœur...

— Merci bien ! On n'est pas plus aimable.

— C'est pas ça. T'es encore assez... Ça va, tu te maintiens à peu près. T'es plus ce que t'étais, mais enfin, bon, la question n'est pas là. J'aurais l'impression de coucher avec ma sœur... J'ai pas plus envie de toi que de ma lampe de bureau, si tu vois ce que je veux dire.

— Bon, bon, d'accord. Je ne te demandais pas le grand amour, je te demandais un petit...

— Un petit quoi ? Tu ne m'as toujours pas répondu. Où il en est ce môme ? À quel stade ? Le rêve, l'envie ou l'œuf ?

— Ben, je ne sais pas justement.

— Comment tu ne sais pas ! Va à la pharmacie et...

— Ouais, ouais, je vais y aller. En attendant,

je fais un peu une étude de marché, tu vois. Je voudrais savoir à quoi m'en tenir avant de poursuivre, d'interrompre ou d'entreprendre la fabrication. Alors, toi, tu serais pas preneur ?

– Ah ça non, désolé ! À aucun moment. Ni au départ ni à l'arrivée. Si vraiment t'as rien de mieux à lui offrir, je préférerais encore garder Patrice.

Ils ont presque fini de déjeuner et ne vont pas tarder à s'en aller.

Et nous qu'est-ce qu'on fait ? Vous avez envie de remonter au bureau avec Lolotte ? Moi, non, pas tellement. Elle me fatigue à tirer sa flemme entre quatre étages, trois cafetières et deux téléphones. Parce que ça va recommencer, la cérémonie du café. C'est rituel. Il y a deux services : le matin et en début d'après-midi.

Allez, tchao, Lolotte. À demain. Nous, on va aller faire un tour à la salle de gym fréquentée par JJ. Qui c'est JJ ? Mais je vous ai présentés. Si, si, je m'en souviens très bien. Vous pourriez faire un peu attention à ce que je dis et ne pas m'obliger à me répéter tout le temps. C'est l'ex de Coco. Ils se sont mariés à cause de Stéphanie. Ou plutôt à cause des parents de Coco, ils habitent Arcachon. Ça, vous le saviez, merci ! Bon, bon, bon, excusez-moi ! Ils se sont séparés peu après. Ça ne collait pas. Maintenant, ça va. Ils se voient moins, ils s'entendent mieux. Il n'est pas mal JJ. Pas mal de sa personne. Il se soigne, il se muscle, il se bronze, il se nettoie, il se surveille. Il est un peu maniaque sur les bords. Maniaque de la propreté. C'est pas le genre à tremper son biscuit dans une tasse qu'on n'a pas soigneusement rincée devant lui d'abord. Un jour, il appelle Coco au bureau. Il avait une drôle de voix. Elle lui dit :

– Qu'est-ce que tu as ? Tu as chopé une amibe planquée dans un quart Vittel ?

– Ne plaisante pas, c'est pas drôle. T'as pas vu tous ces articles dans les journaux ? C'est effarant. On n'ose plus toucher à rien. Surtout pas aux nanas.

– Pourquoi ?

– Toutes vérolées. Chaque année, il y en a plus de cent mille à attraper des MST.

– C'est quoi, ça ?

– Des maladies sexuellement transmissibles. Des gonococcies, des syphilis, des salpingites, des herpès, des chancres mous, des...

– Arrête, tu veux ! C'est dégoûtant. Et les mecs qui les leur ont refilées, ces MST, combien il y en a, tu peux me le dire ? Au moins autant, mais ça, naturellement, dans les médias, on n'en parle pas.

– Tu m'excuseras, mais les mecs, c'est pas mon problème. C'est pas maintenant avec le Sida que je vais m'y mettre. C'est déjà assez risqué côté nanas.

– Écoute, il ne faut pas pousser, sur six millions de bonnes femmes en France, tu dois quand même pouvoir trouver...

– Non, justement. Il y en a très peu qui puissent offrir un minimum de garanties. D'abord, il faut qu'elles aient moins de quinze ans ou plus de quarante. Il ne faut pas qu'elles vivent en ville. Ça t'en enlève déjà pas mal. Et puis, les filles de la campagne ne sont pas toutes sûres. Elles peuvent avoir des antécédents vénériens. À écarter, ça aussi.

– Oui, en effet, ça limite les choix.

– Attends, c'est pas fini. Il faut qu'elles soient inscrites dans une maison de jeunes ou dans un club sportif. Il faut qu'elles aient une activité sédentaire. Il faut qu'elles voyagent en famille. Elles ne doivent pas toucher une goutte d'alcool... Tu sais, c'est pas évident. J'ai fait le tour de la question, il ne reste pas grand monde à remplir toutes ces conditions.

– C'est vrai, dis donc ! Comme ça, à vue de nez, je ne vois, pour faire l'affaire, que ta fille ou ta mère. Au moins là, tu es à peu près tranquille et avec cette mode de l'inceste, pour une fois, tu es dans le coup.

– C'est bien pour ça que je t'appelle. Il faut aussi éviter d'avoir plusieurs partenaires. Alors laquelle des deux tu me conseilles ?

Comment ça a commencé avec Lolotte ? Il passe un soir chez Coco. Il n'a pas vu Stéphanie depuis au moins quinze jours, alors, pris de remords, il monte lui dire un petit bonjour. Il ne s'y est jamais beaucoup intéressé. Trop occupé de lui-même pour s'occuper de sa fille. En plus, elle a de l'acné. Elle est couverte de boutons. Alors, rien qu'à l'idée de devoir l'embrasser… ! Il débarque. Lolotte est là. Ils se connaissent. Ils se sont souvent croisés. Bonjour-bonsoir. Pas plus. C'est pas tellement son genre à JJ. Il la trouve trop folingue, trop feignasse, trop… Trop, quoi ! Too much. Il préférerait qu'il y en ait moins et que ce soit plus sec, plus net. Elle est enveloppée, Lolotte, elle ne se laisse pas mourir de faim. Ni de soif. Là, justement, ils ont pris un verre. Puis un second. Puis : Allez, Coco, faut que je me tire. JJ, tu restes ou je t'emmène ?

Elle l'a emmené. D'abord au Palace, ensuite chez elle. Et comme elle avait une fringale, le JJ, elle se l'est préparé sur canapé, après quoi, elle est allée le boulotter dans son lit. Vers quatre heures du matin, elle ouvre un œil. Elle tend un bras ensommeillé et ensorceleur vers le grand, le nouvel amour de sa vie… Rien… Personne. Il s'est cassé. Elle se dresse… Vous connaissez la scène, vous l'avez vue cent quatorze mille fois à l'écran… Elle se dresse sur ses oreillers. Une larme perle au bout de ses faux cils. Elle se lève, enfile son déshabillé. Elle aurait peur de nous choquer en se baladant en chemise de nuit seule dans son appartement. Remarquez, c'est surtout vrai à la télé. Au cinéma, si le gosse hurle au milieu de la nuit, Depardieu – il dort tout nu – se lèvera d'un bond et ira voir ce qui se passe sans penser un seul instant qu'on est là, le nez collé à la vitrine de sa petite boutique et qu'il faudrait songer à baisser la devanture en s'enveloppant dans une serviette de bain. Si les gens préfèrent les films aux téléfilms, cherchez pas, c'est pour ça. C'est parce qu'on y parle, on s'y comporte d'une façon plus naturelle, plus familière. Cela dit, dans les pays scandinaves, on est infiniment moins bégueule. Moi, j'ai vu, au Danemark, sur mon petit écran, un mec en train de lire le journal assis, culotte baissée, aux toilettes. Le téléphone sonne. Il se lève et va répondre, toutes affaires pendantes. Normal, quoi.

Pourquoi je vous parle de ça ? Où j'en étais ? Ah, oui ! Lolotte paumée toute seule dans son grand lit au milieu de la nuit. Quel mufle, ce JJ ! Il l'a tirée et il se tire. Sans un mot, sans rien. Sans même un « je t'aime » écrit sur la glace de sa coiffeuse avec un tube de rouge à lèvres. Façon Montand dans ce film de Labro, vous voyez lequel je veux dire ? Celui où il est amoureux fou d'une jeune Italienne, une fille splendide... Mais si... Ah ! c'est trop bête... Je ne connais que ça.

Est-ce qu'il y a rien au monde de plus exaspérant que ces amnésiques butés, tâtonnant interminablement, inexorablement à la recherche d'un mot, d'un nom, d'une date qui leur échappent ? Les mecs du genre : Ah ! jamais je n'oublierai... Comment déjà ? On essaie de leur souffler, on tombe toujours à côté. Et ça continue. Et ça s'éternise. Quand, enfin, ils abandonnent : tant pis, ça me reviendra... ne vous réjouissez pas trop vite. Ils font semblant. Les yeux tournés vers l'intérieur, ils continuent à farfouiller dans la pénombre de leurs souvenirs. Un sourire fugitif éclaire leurs lèvres, ils croient avoir trouvé. Non, c'est pas ça. Les voilà repartis, le dos tourné à la conversation, occupés à vider leurs tiroirs, non, c'est pas ça, pas ça non plus... Ça se termine par un « on »... Non, pardon, par un « a »... Ba... Bat ou quelque chose comme ça... Ah ! c'est trop bête.

Je vous entends rouscailler : Qu'est-ce qu'elle nous raconte ? Où on en est, là ? Ça n'a ni queue ni tête, son histoire. On devait aller à la gym avec JJ et on se retrouve au lit avec Lolotte. Eh oui, ce sont les hasards de la vie. De toute façon, maintenant, il n'y est plus JJ, à la gym. Il a écourté sa séance. Il a promis à Lolotte de l'emmener au cinéma en fin d'après-midi. Et puis, la gym après les heures de bureau, c'est pas possible, il déteste, il y a trop de monde. On s'entasse autour des appareils de musculation : permettez qu'on alterne. Je fais trois petites séries de douze et... Dans les vestiaires, on s'arrache les casiers et les pommeaux de douche... Il préfère l'heure du déjeuner. Ça lui permet de sauter le repas en sautant à la corde et d'oublier qu'il est pratiquement exclu du grand rituel : Il faut qu'on déjeune, je vous appelle. Lui, sorti de deux ou trois copains, des copains de bureau, et de Lolotte, les déjeuners... !

Tiens à propos, pourquoi il n'a pas passé la nuit avec elle, le premier soir ? Pourquoi il est rentré chez lui, comme ça, en catimini, au milieu de la nuit ? Comment, vous n'avez pas compris ? Après tout ce que je vous ai raconté sur lui ? Vous n'êtes vraiment pas futés. Les draps. Ils avaient une odeur. Et comme, forcément, il n'avait pas amené de brosse à dents... impossible de fermer l'œil.

Depuis, comment ça se passe entre eux ? Sur quel plan ? Horizontal ? Vite fait, mal fait, peu fait. Sous ses dehors de tombeur – il adore parler de ses succès auprès des bonnes femmes et prendre des airs –, JJ n'est pas très porté sur la chose. C'est désordre, c'est poisseux, c'est risqué. Il n'arrête pas de la bassiner, de la vexer en lui vantant les vertus de la capote anglaise : Enfin quoi, Lolotte, tout le monde en porte... Avec ce qui traîne, en ce moment, comme microbes...

À la verticale, c'est pas le pied non plus. Ils s'engueulent souvent. Les plombs sautent. Le courant passe mal. Tenez, là, précisément. Ils se sont retrouvés dans un café sur les Champs pour aller voir ce film de Woody Allen que Lolotte a raté hier à cause de ce malentendu avec Ned, vous vous souvenez ? Et je ne sais pas ce qu'il lui a dit, JJ... Non, c'est pas au sujet du bébé. Il n'en veut ni cru ni cuit. Elle le sait et elle se garde bien d'insister. Du coup, il n'y toucherait plus du tout. Déjà qu'il se méfie. Il fait drôlement gaffe...

Elle était en train de lui parler d'un truc qui lui tenait à cœur, Patrice, son père, son chef, n'importe quoi... Et il l'interrompt : Regarde ce que tu fais ! Tu peux pas verser une tasse de thé sans en répandre partout. C'est dégueulasse, ce bain de pieds dans la soucoupe, moi, ça me dégoûte... Elle l'a mal pris : Fiche-moi la paix, tu veux. Je suis pas une gamine que son papa divorcé emmène au cinéma le mercredi après-midi. Y en a marre de tes remarques continuelles.

Ça l'a vexé, JJ. Il se ferme. Il se verrouille. Il se boucle à triple tour. Elle n'existe plus. Annihilée. Anéantie. Alors, elle frappe à la porte de ce bunker, de ce blockhaus hermétiquement fermé. Je ne le ferai plus. Je te demande pardon. Je suis fatiguée. Mon père. Le bureau... Tout ça.

Sinistre, le cinéma. Il n'a pas desserré les dents. Elle a essayé de lui prendre la main dans le noir. Il l'a laissée faire : une main flasque, morte, insultante. À la sortie, ils se sont quittés tout de suite. Elle avait vaguement espéré passer la nuit chez lui, mais, bon, c'était trop mal parti. Valait mieux mettre un point. Et aller à la ligne.

Paragraphe : Lolotte est rentrée chez elle. Personne. Patrice n'est pas là. Elle tourne en rond dans le living en pagaille. Cherche la télécommande sous une pile de journaux, derrière les coussins du canapé, râle, renonce, fonce à la cuisine, ouvre le frigo, le referme. Elle n'a pas faim, de toute façon. Ce que c'est bête de s'être disputés comme ça. Pourquoi, d'ailleurs ? Pour rien. Elle décroche le téléphone. Raccroche. Elle aimerait se réconcilier avec lui avant d'aller se coucher. Impossible de dormir sur une brouille. Oui, mais enfin, bon, l'appeler maintenant, c'est vraiment chercher la claque. Il va en profiter un max. Elle n'appellera pas.

Elle appelle :

— Allô, JJ ! C'est moi, c'est Lolotte.

— Oui, qu'est-ce qu'il y a ?

— Écoute, je regrette pour tout à l'heure. J'aime pas qu'on se parle mal, qu'on se quitte mal, qu'on soit brouillés.

— Moi non plus, mon chéri, mais franchement, c'est pas possible. Tu ne te rends pas compte. Tu te vexes pour tout, pour rien. C'est à devenir fou. Chaque fois qu'on se voit, il y a un drame.

— C'est vrai qu'en ce moment j'ai des problèmes, je suis embêtée, angoissée... Mon père...

— Bon, oui, je comprends. Mais il n'y a pas le feu...

— Ben si, justement, il pourrait le mettre, le feu, s'il oublie de fermer le gaz.

— Bon, je te le répète, en effet, il y a un problème. Il va falloir en discuter, envisager plusieurs solutions. En retenir une. Tout ça, calmement, sérieusement. Certainement pas en cinq minutes, au Colisée, avant d'aller au cinéma. Pourquoi ne pas demander conseil au journal ? C'est bizarre, ta vie, ton travail, ça se tient et ça ne colle pas.

— Qu'est-ce que tu veux dire ?

— Je te l'ai déjà dit cent fois : secrétaire, oui, mais secrétaire de direction. Ou au moins assistante d'un chef de service. Tu ne peux pas à ton âge continuer à...

— Tu sais, je ne vois pas tellement ce que ça m'apporterait, secrétaire de direction, au contraire ça...

— De toute façon, tu ne le seras jamais. Tu es trop puérile, trop tête en l'air, trop irresponsable, trop fragile.

— Moi, fragile !

— Enfin, fragile... je n'en sais rien. Peut-être pas. Mais regarde le bordel de ta vie. Comment veux-tu mettre de l'ordre dans un service ?

— Non mais JJ, ça ne va pas ! Quel rapport ? Et quel bordel d'abord ? J'ai eu une vie tout ce qu'il y a de plus rangé. Ce n'est pas parce que je l'ai élevé seule, mon fils, qu'on peut m'accuser d'irresponsabilité. En le gardant, cet enfant, je les ai prises, mes responsabilités. Et, bon, le résultat est tout à mon honneur, non ? Il est plutôt réussi, mon fils.

— Oui, oui, ça d'accord. Mais pas grâce à toi. Malgré toi. Ça confirme complètement ma théorie sur les enfants incassables. Il peut leur arriver n'importe quoi, non seulement ils s'en tirent, mais ils en tirent une force de caractère, un équilibre supplémentaires. À côté de ça, tu as des gosses élevés dans des familles normales... Regarde ceux de Micheline et de Roger.

— Qu'est-ce qu'ils ont ?

— Je ne sais pas... Roger me disait au club l'autre jour...

— Quel club ?

— Tu sais bien, ma salle de gym, la salle des Champs...

— Pourquoi tu appelles ça un club ? Pour que ça fasse plus chic, plus anglais ?

— Tu vois, ça c'est typique. On a une conversation intéressante, constructive, et toi, tu t'arranges pour la torpiller. Un bon croc-en-jambe, un petit truc par en dessous, et, hop, terminé. Le contact est coupé. C'est de nouveau la guéguerre. Après, tu t'étonnes que je m'éloigne, que j'en aie marre.

– Oh là là ! Qu'est-ce que j'ai encore dit ? C'était rien, une plaisanterie.

– Non, je regrette, accuser quelqu'un de snobisme, c'est pas rien, c'est très grave. En fait, avec l'accusation de chanter faux, c'est la chose la plus blessante qu'on puisse lui dire. Autrefois c'était : vous êtes un menteur. Aujourd'hui c'est : vous êtes un snob. Tu savais parfaitement qu'en me disant ça...

– Et toi, tu trouves que tu ne m'as rien dit de désagréable en me parlant du bordel de ma vie ? En me disant que je n'avais aucune chance d'avancement, que j'étais puérile et tout ça ?

– D'abord, je ne t'ai pas dit ça.

– Si, tu me l'as dit.

– Non, je regrette, je ne t'ai jamais dit...

– Si !

– Non !

– Si !

Vous savez que ça a été étudié, ça, aux États-Unis, la difficulté de communiquer entre les sexes. Ils ne parlent pas la même langue, alors forcément ! Des exemples ? Tenez :

Il se casse la gueule dans l'escalier. Elle se précipite, inquiète, attendrie : Tu t'es pas fait mal, mon pauvre chéri ? Montre voir ! Elle se casse la gueule dans l'escalier. Il arrive en traînant les pieds, bougon, agacé : Tu pouvais pas faire attention, non ?

Elle est en train de réparer une prise de courant. Elle a besoin d'un tournevis. Elle lui dit : Sois mignon, va me le chercher. Il doit être près du truc, là... tu sais, le truc qui sert à machiner... la planche, en haut... derrière le... Une femme comprendrait immédiatement. Un homme, non. Lui, avant de partir en expédition, il exige un plan détaillé, une carte d'état-major, une description des lieux et l'inventaire de tous les objets qui s'y trouvent. Résultat : elle a plus vite fait d'y aller elle-même.

Autre cas de figure. Elle : Tu m'aimes ? Lui : Ben, oui, tu le sais bien, pourquoi tu le demandes ? Elle : Pour que tu me le dises. Lui : Je te l'ai déjà dit. Elle : Quand tu me l'as dit ? Lui : J' sais pas, moi. Comment veux-tu que je me souvienne ? Elle : Eh bien ! moi, je m'en souviens très bien. C'était l'an dernier sur la plage à Trouville. Tu sortais de l'eau. Tu ne voulais pas marcher pieds nus sur les galets et je te l'ai arraché au chantage : pas de je t'aime, pas de sandales. Lui : Bon, ben, je te l'ai dit, tu vois bien. Alors arrête de me bassiner.

Les Américains ont publié tout un tas de trucs là-dessus : des rapports, des bouquins, des articles. D'où il ressort que neuf fois sur dix, les nanas aimeraient bien que les mecs leur parlent au féminin. Et inversement. Faute de quoi, eux ont l'impression qu'elles sont toujours sur leur dos et elles ont le sentiment qu'ils leur glissent entre les doigts. Bref, entre hétéros, on se méprend. Entre homos, on se comprend. Conclusion : avant de vous engager dans un mariage mixte, munissez-vous d'un guide, d'une grammaire, d'un plan de l'appart et d'un dictionnaire.

On saute la journée de Lolotte, le lendemain au journal. C'était d'un ennui ! Pas de Coco. Elle récupère deux jours où elle a travaillé et où elle aurait pas dû. Ça me fait penser à cette façon qu'a un de mes confrères de lancer le vendredi soir avant de partir : J'essaierai de ne pas venir demain. Fabuleux, non ? Lolotte tourne en rond.

JJ n'appelle pas. Coco ne répond pas. Chez la Miche c'est toujours occupé. Les jumeaux doivent se relayer au bout du fil. Ils sont un peu plus jeunes que Patrice. À peine. Et le soir, pour tout arranger, Lolotte bosse. Elle tape le manuscrit d'un rédacteur, une énorme étude sur le Chili avant et après Pinochet, commandée par une maison d'édition à l'occasion d'un vol inaugural qui lui a permis d'y séjourner un peu moins d'une semaine !

Bon, là, il est quoi ? huit heures, huit heures et demie du soir... Elle rappelle encore un coup :

— Allô ! Roger ? C'est Lolotte. Micheline est là ? Il paraît qu'il faut que je la rappelle.

— Je te la passe. Ça va ? Patrice aussi ?

— Je vous dérange, peut-être. Vous êtes déjà en train de dîner ?

— Non, j'allais sortir justement. Une corvée. Des clients de passage. Tiens, la voilà.

— Allô, oui, salut Lolotte, c'était pour te demander si vous êtes libres à dîner mercredi en huit, toi et JJ. On a invité un type que Roger a rencontré à un colloque, je ne sais plus où, un Américain. Et comme tu parles anglais...

— Moi, je suis libre, mais JJ je sais pas. Ça ne va pas du tout en ce moment.

— Vous vous êtes encore disputés ? Mais qu'est-ce qui se passe ? Tu es en train de te brouiller avec la terre entière : Patrice, JJ, ton père...

— Je ne sais pas ce qu'il y a. On culbute de scène en scène. Il n'arrête pas de me chercher des poux. Il se fâche pour un rien. Il me sort des trucs à décorner un bœuf et moi, si je me permets...

— Avec ce qui se passe dans sa boîte, c'est assez normal.

— Quoi ? Qu'est-ce qui se passe ?

— Comment, il t'en a pas parlé ? C'est intéressant qu'il ne t'ait rien dit. Justement Roger se demandait s'il se rendait bien compte. Ils se sont rencontrés à la salle de gym et...

— Oui, je sais, JJ me l'a dit. C'est justement là-dessus qu'on s'est disputés hier. Il appelait ça son club et moi je trouvais que « club »...

— Oui, bon, club, salle, quelle importance ? Le service de JJ marche pas bien. Roger a rencontré son chef, Bouzy, et Bouzy lui a laissé entendre qu'ils allaient dégraisser et que JJ était visé. Roger ne l'a pas dit, naturellement, à JJ. Il sait pas s'il devrait. Il n'ose pas. Il est très embêté. Et très inquiet. Surtout vu son âge.

— Quoi, son âge ? Il n'a jamais que cinquante-six ans.

— Tant que ça ? Je le voyais plus jeune. Alors, à plus forte raison. Tu sais, la préretraite, c'est cinquante-cinq ans. Et dans le cas de JJ...

— Quel cas ? Qu'est-ce qu'il a ?

— Il n'a rien, justement. Il n'a pas de punch, pas de drive, pas d'ambition, enfin de vraie ambition. Nous on l'adore, c'est pas le problème, mais enfin... Tu sais bien. Il mène une vie très centrée sur lui-même... Son confort, sa tranquillité, sa forme physique, ses manies, pas d'enfant, pas d'emmerdes, son roman qu'il n'écrit pas...

— Pas d'enfant ! Et Stéphanie ?

— Tu rigoles ou quoi ? Tu sais très bien qu'il ne s'en est jamais occupé. Je me demande parfois s'il la reconnaîtrait dans la rue, sa fille. Qu'est-ce que tu veux, avec son caractère, JJ...

— Tu veux dire qu'il en manque, c'est ça ?

— Pas vraiment, non, mais à notre époque, si t'es pas un battant, si tu ne t'investis pas totalement dans ton boulot, avec tous ces jeunes qui te poussent aux fesses, toutes ces histoires de rentabilité, de compétitivité, tu te retrouves sur le cul avant d'avoir... Merde ! Ah, le salaud !

— Qu'est-ce qu'il y a ?

— Roger. Il a profité de ce que j'étais au téléphone avec toi pour se casser sans me dire au revoir. Je vais te dire, Lolotte, je suis sûre qu'il a quelqu'un.

— Qu'est-ce que tu racontes ? Ça va pas la tête ? Il t'adore, tu le sais très bien.

— Et alors ? Quel rapport ? Ça n'a jamais empêché qui que ce soit de...

— Oui, mais là, tu te fais des idées. Allez, arrête de déconner. Les garçons sont pas là ?

— Non, ils sont au foot.

— Alors, prends un whisky, le film sur la 3 et...

— Écoute, je supporte pas, moi, de rester seule, plantée là, comme une salade.

— Faudra bien que tu t'habitues pourtant...

— Qu'est-ce que tu veux dire ?

— Ben, rien. Les jumeaux vont sortir de plus en plus. Et Roger... Faut savoir ce que tu veux. Un mec qui assure, qui réussit, qui court après les clients ou un pépère pantouflard qui se fera jeter dès qu'on refera l'organigramme de la maison ?

— Ouais, t'as peut-être raison. N'empêche, nous deux Roger, c'est pas comme avant. Il y a quelque chose. Enfin, bon... Alors, c'est d'accord pour mercredi ? Et tâche d'amener JJ. Ça lui changera les idées.

— Ben, tu viens de dire qu'il n'a aucune idée, justement, de ce qui est en train de lui arriver.

— Oui, c'est vrai... Enfin, j'en sais rien. Il doit se douter de quelque chose. Un peu comme moi, tu vois. J'ai... j'ai une drôle d'impression. Bon, allez, je raccroche, parce que si on continue à en parler, je sens que dans deux minutes, je vais me mettre à chialer.

Dites donc, ça va pas, la Miche, hein ! Son Roger, on le lui a piqué, c'est évident. Et c'est normal. Ça manque tellement d'hommes par ici ! Par ici, j'entends en Europe et aux États-Unis, parce que en Afrique et en Asie, au moins de ce côté-là il n'y a pas pénurie. À New York, en revanche, chaque fois que j'y vais, on ne parle que de ça. De la crise de l'amant. Pour en dénicher un en bon état, qui ne nécessite pas d'énormes travaux de ravalement, faut vraiment se lever de bonne heure. En France, c'est pareil. Il n'y a plus rien de libre.

Alors, à défaut d'être propriétaire, comment faire pour se procurer un mec ? Le louer. À l'heure ou à la soirée. Accepter d'avoir une histoire avec un homme marié. La presse populaire multiplie les conseils aux nouvelles « back-street ». Elles ont pris la relève des nouveaux philosophes et des nouveaux romantiques. À notre époque, l'autre femme d'un monsieur qui en a déjà une doit savoir profiter d'une situation somme toute très enviable. Un homme à demeure c'est le pot de colle. Un homme de passage, c'est la coupe de champagne.

Vous êtes entièrement libre de vous offrir des extra. Vous coupez à ses ronflements, à sa passion pour le foot, à son obstination à ne jamais rabattre le couvercle de la cuvette des cabinets. En plus, que ce soit à Dallas, à Paris ou à Riyad, la polygamie, c'est une question d'argent. Au-dessus d'un revenu annuel de quatre-vingt mille dollars, soixante-dix pour cent des Américains trompent leur femme. Profitez-en. Tapez votre amant.

Et tapez votre mari, tiens, pardi ! Si elles avaient pour deux sous de bon sens, les épouses verraient immédiatement tous les avantages de la situation. Il n'y a aucune raison pour qu'elle tourne au profit de la maîtresse. Allez, les bonnes femmes, secouez-vous. La situation, regardez-la en face. Et d'un. Prenez-la en main. Et de deux. Exploitez-la à fond. Et de trois. Retournez-la. Et de quatre. Le moyen ? Vous voudriez bien le connaître, hein ! Je devrais tenir un courrier du cœur, moi, je suis sûre que ça aurait un succès fou.

Patrice est passé voir son grand-père.

– Papy ! Papy ! Où t'es ? Papy ! Où il est ? Ah ! te voilà ! Qu'est-ce que tu fais là dans le noir ? Papy, allez réveille-toi, c'est Patrice. Tu t'étais endormi dans ton fauteuil...

– Mettre au fauteuil, aller au fauteuil...

– Qu'est-ce que tu racontes ?

– C'est comme ça qu'on dit dans les hôpitaux. C'est comme ça qu'on vous parle : alors, on va être bien sage et ne pas faire de caprices pour aller au fauteuil, Papy ?

– Là, tu pousses ! Elles t'appelaient Papy, les filles à Broussais ?

– Mais oui, tu le sais bien. Elles trouvaient probablement ça gentil, affectueux. Elles ne voyaient pas ce que ça peut avoir de...

– Allez, pense plus à ça. T'en es sorti. Maintenant c'est fini, tout va bien. Tiens, regarde, je t'ai apporté des babas et des éclairs au chocolat. Deux pour toi, un pour moi, ça te va ?

– Écoute-moi, Patrice. Il faut que je te demande quelque chose. C'est très important. Non... Rien... Ça ne fait rien.

– Encore tes idées noires ?

– Oui, non, enfin, je te dirai plus tard.

– Oh ! dis donc, je ne connaissais pas cette photo, là, sur la cheminée.

– Non ? Pourtant, il me semble qu'il y avait la même dans l'album de famille. Celle-là, je l'ai retrouvée l'autre jour en triant de vieux papiers. Tu devais avoir un peu moins de deux ans. Je te portais dans mes bras. C'était à... c'était en...

– C'est génial de l'avoir mise là, à côté de celle où je te porte, moi, dans mes bras. Tiens, ben c'était le jour de ta sortie de l'hôpital, justement. T'as eu comme un étourdissement, tu te souviens ?

– Oui, heureusement que tu étais là. Tu m'as attrapé, tu m'as soulevé comme une plume et tu m'as porté jusqu'à... Je n'ai jamais compris comment ta maman avait eu la présence d'esprit de nous prendre en photo à cet instant précis.

– Elle photographie tout ce qui bouge, alors ça n'a rien d'étonnant.

– Quand même, ça en dit long, ces deux photos, non ?

– Ça dit rien. Ça dit la vie. T'étais grand, j'étais petit. Je suis grand, tu es vieux. Et mon fils après moi, et le fils de mon fils, et...

– Tu es un gentil garçon, mon petit Patrice. Un garçon... bien. Mais, tu verras, c'est pas évident, tout ça, pour employer votre vocabulaire.

– Tu as déjeuné ?

– Non, pas encore. Si tu as faim, on peut réchauffer... Tu trouveras une ratatouille, je crois et... Sur la cuisinière. Mme Debaizieux m'a dit avant de partir... Je ne sais plus ce qu'elle m'a dit...

– Essaie de te rappeler. Qu'est-ce qu'elle a dit, Mme Debaizieux ? Allons... !

– C'est l'heure de mes exercices de gymnastique cérébrale ?

– Oui, absolument. Tu sais très bien que j'ai raison d'insister, Papy. Il faut que tu te forces, que tu t'obliges à faire marcher ton cerveau. C'est comme un muscle, le cerveau, si tu ne le fais pas travailler, il s'ankylose, il s'atrophie.

– Elle s'en va.

– Qui ? Qu'est-ce que tu racontes ?

– Mme Debaizieux s'en va. Elle quitte la loge. Son mari prend sa retraite dans trois mois. Ils vont s'installer dans leur bicoque à Courtenay et après les vacances, elle ne reviendra plus.

– Ça c'est très emmerdant, dis donc, pour tes courses, tes repas, ton ménage, tout ça...

– Eh oui ! Elle était avec nous depuis...

– Moi, je l'ai toujours vue ici. Elle fait partie des meubles. Ça va faire drôle... Remarque, il y aura une nouvelle gardienne qui pourra peut-être...

– Non, je ne crois pas. Elle m'a parlé d'un interphone. Il paraît qu'ils vont ravaler, rénover... Je ne sais plus... Reloger les vieux locataires. Qu'est-ce que vous allez faire de moi, ta mère et toi, hein ? Vous n'allez pas me mettre en pension, au moins ?

– Ça t'embêterait, hein ?

– Oui, beaucoup.

– Remarque, la pension ça peut être assez chouette. T'aurais un joli petit uniforme. Le soir, si tu es gentil avec le chef de table, il te filera du rab de frites et au dortoir vous ferez des batailles de polochons derrière le dos du pion.

– Écoute, ce n'est pas le moment de plaisanter. Je te le demande instamment, Patrice, jure-le-moi. Tu empêcheras ta mère de me mettre à l'hospice, c'est promis ?

– L'hospice ! On dirait de l'Eugène Sue ! *Les Deux Orphelines*. Il y a de très bonnes maisons de retraite.

– Où je crèverai d'ennui et de cafard au bout de six mois, entouré de vieux débris au rancart comme moi.

– Ouais, tout un tas de vieilles choses dont on ne sait pas comment se débarrasser. Surtout avant de partir en vacances. Ce que je ne comprends pas, c'est pourquoi les municipalités n'organisent pas le ramassage des personnes usagées. Elles le font bien pour les sommiers crevés, les casseroles cramées, les fauteuils éventrés, les vêtements troués, les déchets, quoi. Tu veux que je me renseigne ? Je me demande s'il n'y aurait pas, dans les environs de Paris, un cimetière de vieillards où on pourrait te larguer. Pour les bricoleurs, ce serait le pied. T'as encore des pneus très convenables et ton essuie-glace...

– Tu trouves ça drôle ?

– Assez, oui. D'ailleurs toi aussi. Regarde-toi. Tu as un sourire de bébé. Qu'est-ce que tu as encore foutu de ton dentier ?

— Il doit être dans la salle de bains. Il me gêne, alors quand je suis seul...

— Bon, ben, un : t'es pas seul. Deux : j'ai la dent. Alors tu vas aller mettre les tiennes et on va se casser une petite graine vite fait. J'ai cours, moi, cet après-midi. Crois pas que je vais passer ma journée à débloquer avec un vieux tas comme toi, un tas d'idées tordues...

— Patrice, viens là, viens mon petit, viens plus près. Tu sais, il faut que tu le saches, je t'aime. Tu auras été notre joie, notre fierté. Tout petit déjà...

— C'est bien ce que je dis, t'es complètement gaga.

— De toi, oui. De ta jeunesse, de ta gentillesse.

— Remarque, t'as raison. Je suis plutôt bien roulé. Si tu aimes les petits seins, tu vas adorer les miens. Bon, allez, Papy, assez déconné, viens bouffer.

C'est dimanche. Lolotte prépare le « brunch », un grand petit déjeuner. Toasts, œufs au plat, jambon, marmelade, café. Le seul repas de la semaine où elle sacrifie à la vie de famille mère-fils. Une vieille habitude prise quand Patrice était petit et où elle tenait à l'avoir bien à elle pendant les week-ends au lieu de prolonger avec lui sa propre enfance chez ses parents. Ils y passaient, l'un et l'autre, sortis de l'école et du bureau, le plus clair de leur temps du lundi au samedi midi.

Autrefois, le dimanche après-midi, elle se faisait un devoir de l'emmener au Jardin d'Acclimatation, au zoo ou au cinéma voir des films genre *E.T.* C'était la corvée, ces longues stations debout devant la fosse aux lions, ces interminables files d'attente devant les salles des Champs ou des grands boulevards. Dans le froid, sous la pluie, l'hiver. Dans la chaleur et la poussière, l'été. Impossible de promettre une sortie à un gosse et de se dédire le moment venu. Il ne supporte pas.

Et puis, un jour – Patrice devait avoir dans les onze-douze ans – la situation s'est inversée. Le ciné avec elle, merci bien, mais non merci. Il préférait y aller tout seul : Passe-moi vingt francs et de quoi m'acheter un esquimau. Ou avec des copains du lycée : Après, on ira goûter chez Hervé. Son père me ramènera plus tard, OK ? Y aller avec toi ? Non, Lolotte, franchement, j'aime pas, ça m'embête. T'as peur. Tu cries. T'arrêtes pas de parler. Tu me fais honte. T'as qu'à y aller avec tes parents.

Aujourd'hui, justement, il remet ça :

– Qu'est-ce que tu fais cet après-midi, Lolotte ? Si t'as rien de spécial, tu devrais essayer d'emmener Papy au cinéma. Il n'adore pas, mais bon... J'y suis passé hier, c'est l'angoisse. T'es au courant pour Mme Debaizieux ?

– Oui, c'est très embêtant. Je ne sais pas quoi faire. Qu'est-ce que tu en penses ?

– Rien. Nada. Je n'y pense pas. Je ne veux pas y penser. Là, c'est vraiment à toi de jouer. Moi, ce que je peux faire, ce que je veux faire, c'est y passer le plus souvent possible pour essayer de lui changer les idées. Et, crois-moi, elles sont au noir. Maintenant, pour le reste, pour l'organisation de votre vie future à tous les deux, ensemble ou séparément, c'est pas mon problème.

– Tu te rends compte de ce que tu dis ? Après tout ce que Grany et Papy ont fait pour toi ! Ils t'ont pratiquement élevé. Ils t'ont...

– Oui, j'ai eu beaucoup de chance. Et toi aussi. Mais maintenant, mes chances d'avenir, je n'ai pas le droit de les bousiller en devenant père de famille à vingt ans. Père de famille nombreuse : une grande sœur, Lolotte, mignonne, mais totalement irresponsable. Un grand-père, exquis, mais de moins en moins autonome. Et bientôt un petit frère. Avec un peu de chance, peut-être même des jumeaux. Ou des triplés. Ça arrive souvent, tu sais, quand on arrête de prendre la pilule.

– J'ai un stérilet.

– Écoute, maman, je t'en prie, épargne-moi les détails de ta vie intime.

– Bon, bon ! Qu'est-ce que tu peux être devenu pudibond ! Il n'y a pourtant pas si longtemps, quand je me promenais toute nue devant toi, tu appréciais drôlement. Je me rappelle même qu'une fois tu m'as dit : Montre. T'as regardé et t'as ajouté, l'air pénétré : On dirait le hérisson qui sert à enlever la boue des chaussures avant d'entrer dans la maison d'Arcachon. Je peux toucher ?

– Qu'est-ce que tu essaies de me dire là ? Que j'ai changé ? Que je ne t'aime plus comme avant, comme au début de notre histoire ? Que je ne te tiens plus la main pour traverser la rue ? Que tu n'es plus la femme de ma vie ? Que...

– Arrête de dire n'importe quoi... Remarque, il y a un peu de ça. C'est vrai que ça me manque, l'amour total, confiant, passionné d'un enfant pour sa...

– Pour sa Lolotte. Tu sais, si tu tiens absolument à en avoir un, j'ai exactement ce qu'il te faut. T'en as un là, sous la main, un baby, ou plutôt un papy abandonné. Adorable. Tu peux pas savoir ce qu'il était mignon, hier, avec son grand sourire édenté. Je l'aurais mangé.

Dimanche soir. La Miche a invité Lolotte à dîner. Elle déprime. Roger n'est pas là. Encore un séminaire. À Perpignan, ce coup-ci. Il reprend le train de nuit dimanche et il va directement au bureau lundi matin. Quant aux garçons, ils sont allés passer le week-end à la campagne et ils rentreront tard.

Ça fait une heure que Lolotte rame pour lui remonter le moral. D'accord elle a un mari qui travaille trop, mais elle, elle ne travaille pas, ça compense. Elle est toujours à se plaindre, c'est quand même culotté, entourée comme elle est... Pour le moment, elles sont entourées de verres vides et de cendriers pleins. Elles se sont tapé plusieurs whiskies et ça va nettement mieux. Étalée sur le canapé du living la Miche a l'air d'avoir retrouvé son sens de l'humour. Et Lolotte, prise à son propre jeu – la vie de Micheline c'est le ciel, la sienne à elle c'est l'enfer –, estime qu'elle a assez donné et qu'elle peut exiger un peu de compassion en retour.

– Si tu savais, moi, les ennuis que j'ai. Papy, tout ça... Et au lieu d'essayer de m'aider, Patrice n'arrête pas de m'enfoncer. Il a une façon de me parler...

– Il parle ! À dix-neuf ans ! Mais c'est formidable, ça ! Tu te rends pas compte de la chance que tu as. Les miens, ils sont pourtant du même âge, le français, ils savent pas. Même pas les mots usuels. Si tu leur dis : chaussette, poubelle, range, amène, ils te regardent, l'œil ahuri. Visiblement, ils n'ont aucune idée de ce que ça peut signifier.

– Évidemment, l'allemand, c'est mieux pour ça.

– Pour quoi ?

– Pour les dresser. Au pied, assis, couché... *Fuss, sitz, platz.* Ça sonne comme un coup de fouet, un coup de sifflet. Et ils obéissent. Tous les maîtres-chiens te le diront.

– T'aurais pu me le dire avant, quand ils étaient petits.

– C'est ça que je ne comprends pas, ils savaient le français, les jumeaux, quand ils étaient petits. Rappelle-toi, ils n'arrêtaient pas : dis maman, pourquoi ci, pourquoi ça... Demande à papa.

– Oui, c'était dans les petites classes, mais ils ont tout oublié. Ils ne savent plus. Plus un mot. L'autre jour, j'ai essayé, je suis entrée en coup de vent dans le living et je leur ai annoncé que le président des États-Unis venait d'être assassiné par une nièce du pape, une ancienne garde du corps de Kadhafi. Aucune réaction. Pas un son. À croire qu'ils sont sourds. Sauf qu'ils ne le sont pas, parce que quand on leur dit qu'on part en week-end, qu'ils seront seuls pendant vingt-quatre heures, ils échangent des regards lourds de signification : les souris vont danser.

— Écoute, ils disent souvent OK. Ça te fait déjà deux lettres. Et ça veut dire : bon, d'accord, t'as raison, tout de suite. C'est plutôt encourageant.

— Tu plaisantes ou quoi ? OK a complètement changé de sens depuis quelques années. Il a perdu son acception positive. OK, c'est : fous-moi la paix. C'est : on verra plus tard. C'est : tu me gonfles. Dans OK, maintenant, il y a une connotation impatiente et distraite. Et puis c'est de l'anglais, pas du français. Tiens, j'ai été vraiment idiote. J'aurais dû faire comme toi avec Patrice, les mettre dans une école bilingue. Là, au moins, on leur apprend à se débrouiller.

— Au lycée, c'est pareil.

— Mais non, on ne l'enseigne pas, le français, au lycée. Ils viennent seulement de l'inscrire au programme. C'est l'an prochain qu'ils l'auront. En terminale. Pour les miens, ce sera trop tard. Ils y sont déjà. Alors tu vois...

— Je ne vois qu'un truc. Après le bac, tu les inscris à la fac à Bruxelles ou à Genève. Évidemment, c'est embêtant pour l'accent, mais bon, tant pis. L'essentiel c'est de parler couramment.

J'en étais là de mon manuscrit, soixante-sept feuillets tapés à la machine, quand elle m'appelle, Françoise. Françoise Verny. Pour ça, pour savoir où j'en étais.

— P. 67.

— Quoi p. 67 ? Qui p. 67 ? Quand p. 67 ?

— Hier soir. Chez la Miche. Avec Lolotte.

— Bon. Et où tu vas maintenant ?

– Justement, je n'en sais rien. Je sèche, je me tâte. Je coince. J'angoisse. Je bloque.

– Et Roger ? Il n'était pas là ? Qu'est-ce qu'il fait ?

– L'amour, probablement. Il a dit qu'il allait à un colloque...

– Tu pourrais essayer de le retrouver.

– Et puis quoi encore ? Le tirer du lit et lui demander de te présenter sa petite amie ?

– Je ne vois pas ce que ça aurait de tellement extraordinaire, mais enfin, tu fais ce que tu veux, c'est ton bouquin. Et JJ ? Il ne se doute toujours de rien ? Il ne sait pas qu'il est menacé ?

– Tu trouves qu'il devrait ?

– Il me semble, oui. Au bout de soixante-sept pages, cette histoire, faudrait peut-être qu'elle démarre.

– Bon, ben, il pourrait téléphoner à Roger et...

– Ah non ! La barbe ! Tu ne vas pas nous infliger encore un de tes coups de fil... Allô, Roger ? Ici, JJ. C'est quoi, c'est un roman ou c'est une pièce radiophonique, ce truc, faudrait savoir !

– Tu préfères qu'ils se rencontrent ?

– Évidemment. Qu'est-ce que c'est que ces gens-là ? Tu ne les décris pas, tu ne les aères pas, tu les laisses accrochés dans ta penderie, ils vont finir par être mangés aux mites. Emmène-les prendre un verre quelque part. Ça nous sortira un peu, ça nous distraira.

– Où veux-tu que je les emmène, moi ?

– N'importe où ! Au Fouquet's, au bar du Plaza, au Colisée, au tabac Saint-Germain, au Pam-Pam Opéra, au...

– Tu crois ? Ça me tente pas vraiment. Le Pam-Pam Opéra, ça fait un peu ringard... Le Plaza, c'est pas évident...

– Écoute, ma petite chérie, tu sais ce que tu fais ? Tu réfléchis, tu t'interroges encore pendant... Mettons... quatre-vingt-dix-huit pages. Ou même, tiens, cent quatorze, soyons larges. Faut surtout pas te précipiter. Non, c'est vrai, c'est une décision grave. Et si, là, tu hésites toujours à aller au café avec tes deux lascars, tu passes me voir chez Flammarion. Je te préparerai une liste de trois ou quatre restaurants. Tu l'étudies, tu te renseignes, tu y penses, quoi. Tu prends tout ton temps. Ça entretiendra le suspense. Et à la dernière page, tu te jettes du haut de la tour Eiffel, tu fais le grand saut dans l'inconnu et tu révèles au lecteur haletant où ils vont finir par aller bouffer, JJ et Roger.

Très drôle, vraiment très drôle ! Elle est marrante, Verny. Non, mais qu'est-ce qu'elle croit ? Comme si Roger, en ce moment, en pleine histoire avec Dieu sait quelle nana, rencontrée Dieu sait où, allait perdre deux heures avec JJ. Ou plutôt si ! Suis-je bête ! Bien sûr que si ! Pour la frime, pour la Miche : Ce soir, tu m'attends pas. Commencez à dîner sans moi. Je prends un verre avec JJ. Il m'a téléphoné, il a l'air drôlement inquiet...

En attendant – tant pis pour Verny – c'est lui qui appelle JJ :

– Faut que je te dise, ce soir, on prend un verre ensemble et ça risque de se prolonger assez tard. Alors fais gaffe, appelle pas chez moi, tu veux...

– Heureusement que tu me préviens, j'allais le faire. Je voulais te parler.

– Ah bon ! Qu'est-ce qu'il y a ?

– Justement, je ne sais pas. J'ai pas bonne impression au bureau. Tu connais la boîte, ça fait à peine un an que t'en es parti. C'est plus comme avant...

– Qu'est-ce que tu veux dire ?

– Écoute, je ne sais pas, j'en arrive à me demander si je ne suis pas dans la charrette. Tu sais, l'autre jour, je t'en ai parlé. À radio-couloir, il n'est question que de ça. On cite le chiffre de quatre-vingts personnes, quatre-vingts renvois dont quinze cadres.

– Ça me paraît énorme.

– Oui, mais tu as vu le déficit. Il paraît qu'ils vont dégraisser très sérieusement. Et là, tu vois, je commence à m'inquiéter.

– Mais pourquoi ? Tu n'es sûrement pas concerné.

– Ben, je me demande justement.

– Pourquoi ?

– Je ne sais pas... Comment te dire... L'attitude des gens dans le service. Tu as vu Bouzy récemment ?

– Non, non, absolument pas. Pourquoi tu me demandes ça ?

– Comment pourquoi ? Vous êtes restés très copains, vous vous voyez tout le temps.

– Oui, mais alors là, non. Qu'est-ce qu'il a Bouzy ?

– Avec moi, il est... Comment te dire... ? Il est... je ne sais pas... Il a l'air gêné, bougon. J'ai l'impression... pas qu'il me fuit exactement, mais enfin qu'il m'évite. Oui, c'est ça. Les autres aussi. Je peux me tromper, mais j'ai le sentiment qu'ils ne m'invitent plus à prendre un café.

– On n'a pas besoin de s'inviter... Qu'est-ce que c'est que cette histoire ? Il te faut un carton avec RSVP pour descendre chez Albert ?

– Non, non, bien sûr, mais quand je leur propose d'y aller, ils me disent : oui, oui, tout à l'heure ... Bon, je finis par y aller tout seul. Au contraire quand j'y vais et qu'ils y sont, ils se dépêchent de finir pour remonter. Je te jure, il y a quelque chose.

– Pourquoi tu ne vas pas en parler à Vibon-Bachelet ?

– J'ai essayé. J'ai demandé un rendez-vous, il y a déjà... enfin, je ne sais plus... la semaine dernière. Et bon, là aussi, j'ai l'impression d'être barré par les secrétaires.

— T'es barré par Nicole ? Qu'est-ce que tu vas chercher ? Elle a toujours été folle de toi. C'est la fable de la boîte.

— Oui, d'accord, elle m'aime bien, c'est pas le problème. Quand je suis allé lui dire que je voulais parler au patron, elle m'a dit : OK. Elle a sorti l'agenda, elle m'a proposé deux rendez-vous possibles dans les quarante-huit heures. Elle m'a dit qu'elle m'appellerait pour me préciser. Elle ne l'a pas fait.

— Elle a peut-être d'autres chats à fouetter. Tu n'as qu'à lui demander où ça en est.

— Je l'ai fait, tu penses bien.

— Alors ?

— Alors, rien. Elle ne sait pas. Le patron est débordé. Elle va lui en reparler. Elle me mène en bateau, quoi ! Remarque, c'est peut-être qu'une impression.

— Mais oui, sûrement. Et ton bouquin, où ça en est ?

— Tiens, pourquoi tu me parles de ça, toi aussi ?

— Pourquoi, moi aussi ?

— Parce que Bouzy m'a demandé la même chose l'autre jour.

— Et alors ?

— Tu me prends pour un con ou quoi ? Ce bouquin, depuis vingt ans que j'en parle, je n'en ai jamais écrit une ligne, vous le savez très bien, c'est un sujet de plaisanteries, mon roman, mes coucheries... Qu'est-ce qui se passe ? Vous cherchez à meubler mes loisirs forcés ? La préretraite, ça se prépare, c'est ça ?

— Mais, non, c'est pas du tout ça ! Ce que tu peux être nerveux. Je commence à comprendre Lolotte.

— Ah ! parce qu'elle est encore venue pleurnicher ?

— Pas du tout. Elles se sont vues hier avec Micheline. Elles se demandaient où ça en était, ton roman, c'est tout.

Sous ses airs rigolards, c'est une bosseuse, Coco.
Elle aime ce qu'elle fait et elle le fait bien. Elle
est l'assistante du chef de son service. Une femme.
Odieuse. Je vous la raconterai plus tard. Là, elle
profite d'un dossier à xéroxer pour suggérer à
Lolotte de venir la rejoindre devant la photoco-
pieuse. C'est l'un des points de rencontre préférés
des employés de la maison. Leur Saint-Germain-
des-Prés. Il suffit de se promener dans ce couloir
pour croiser quelqu'un qu'on connaît. On s'arrête.
On papote. C'est ce qu'elles vont faire, les filles.
Il y a la queue devant la machine, ça tombe bien.
Et ça tombe mal. Question confidences, va falloir
baisser le son. Il y a toujours des oreilles qui
traînent dans le coin.

— Alors, ma Lolotte, ça va ? Et JJ ?

— Non, ça va pas. Je ne sais pas ce qu'il a...
Des problèmes dans sa boîte. Roger l'a dit à la
Miche qui me l'a dit. J'ai essayé de lui en parler.
Rien à faire. Il se ferme comme une huître. Il
n'y a rien à en tirer. Sur aucun plan.

— Tu veux dire quoi ? Travail au bureau et
travail au tapis ?

— C'est ça, oui.

— Normal. Chez un mec, dès qu'un truc le
turlupine, ça se porte sur la chose.

— Oui, mais ça ne m'arrange pas en ce moment.
Ce bébé, pour le faire...

— Ah ! Parce qu'il est encore à faire ? Je croyais
qu'il était déjà en chantier.

— Non, j'ai fait le test. C'est un retard. Ça
m'inquiète, d'ailleurs, parce qu'à mon âge...

— Tu es fabuleuse ! Ton âge ! Il y a huit jours,
il n'y avait pas d'âge pour avoir un môme. Et là,
maintenant, t'as plus l'âge d'en avoir un !

— Ben oui. C'est un âge charnière, un âge tan-
gent.

— Écoute, si tu étais assez jeune pour en avoir

un la semaine dernière, t'es encore assez jeune pour en faire un le mois prochain.

— D'accord, mais avec qui ?

— N'importe qui !

— Comment ça, n'importe qui, tu ne voudrais tout de même pas que j'arrête quelqu'un dans la rue !

— Non, je dis pas ça, mais, enfin, les hommes c'est pas ce qui manque.

— Mathématiquement, non. Pratiquement, oui. Dès que tu en as besoin, il n'y a plus personne.

— Et ce petit Anglais que tu t'es tapé, l'été dernier, à Corfou, rien que pour faire enrager JJ qui s'en foutait bien ? Quel mufle, ce type !

— Tu ne vas pas recommencer à le débiner. Il peut être très gentil, quand il veut, très gai, très... Il plaît d'ailleurs beaucoup aux femmes, tu le sais très bien.

— Et lui donc ! Il n'arrête pas de se regarder dans les glaces et les vitrines... Un con prétentieux. Et alors, ce petit Anglais, qu'est-ce que tu en as fait ?

— Je l'ai largué. Il est trop jeune pour moi. En vacances, ça va, à Paris, ça fait un peu...

— Faut pas exagérer. Il est quand même un peu plus âgé que ton fils. Il a quoi ? Vingt-cinq mois de plus ?

— Ah si tu comptes en mois, évidemment ça vieillit.

— Ça dépend à quel moment de la vie. Quand une mère dit de son gamin qu'il a vingt-neuf mois au lieu de deux ans et demi, c'est pour qu'il fasse plus petit.

— Il n'y avait pas que ça. En fait, il ne le sait pas lui-même, mais au fond, les femmes, c'est pas tellement son truc.

— C'est quoi ? Les hommes ?

— Ben oui, j'ai l'impression.

— Ah bon ! Eh bien, ça tu vois, moi ça me plairait follement. J'ai toujours rêvé de coucher

51

avec un pédé, de le combler, de le convertir, mais rien qu'à moi. C'est mon fantasme duchesse de Windsor. J'adore.

— Eh bien, je te le donne, si tu veux. T'as qu'à passer le prendre. Je l'ai laissé à gauche au fond du couloir au troisième étage de l'école Berlitz.

— Tiens, Lolotte, regarde cette bottine, la marron, à côté du mocassin. Là, au fond de la vitrine...

— Laquelle, papa ? je ne vois pas...

— Là, tu vois bien... au fond à gauche... En cuir... à six cent soixante-dix francs. Si on entrait ? j'ai bien envie d'en essayer une paire. C'est exactement ce qu'il me faudrait. Pas de cette couleur évidemment mais...

Lolotte a emmené Papy faire des courses. Il faut qu'il sorte un peu chaque jour. Et marcher seul dans Paris, errer, sans but, dans ce quartier – il n'habite pas loin du boulevard Malesherbes – rébarbatif, hautain, sans boutiques, sans vitrines, sans rien, ça l'ennuie. Il le fait cependant. Il se force. Quand il se sent en forme, ce qu'il aime, c'est prendre l'autobus et aller voir les animaux. Le Jardin d'Acclimatation, oui. On appelle ça retomber en enfance. Il y a du vrai. Sauf qu'on n'y retombe pas, on y retourne. On retourne sur ses pas. On retrouve des sensations, des souvenirs denses, intenses, ensevelis sous tout un tas de trucs finalement sans intérêt.

Il y va, il y reste pendant des heures. Sans qu'on puisse savoir au juste ce qu'il éprouve, planté là, devant une mare aux canards ou une fosse aux lions. Ça la touche, Lolotte. Ça l'émeut. Ça éveille son instinct maternel. Peut-être qu'un bébé, un nouveau-né procurerait à son père cette impression de force vitale, instinctive, de douceur soyeuse et captive... Pour un peu, elle lui offrirait un ours en peluche, à son père, en attendant de lui donner un petit frère.

Là, il a besoin d'une paire de chaussures.

– OK, papa, d'accord, je vois... Bonjour mademoiselle, on voudrait une paire de boots pour mon père. On en a vu en vitrine qui ont l'air pas mal... Hein, papa ! Non, pas celles-là, plus loin à droite, au fond...

– Ça m'étonnerait que ça puisse lui aller. Il n'y a pas de fermeture Éclair. Il ne pourra pas les enfiler.

– Pourquoi pas ? Il faut voir quand même. On pourrait peut-être les essayer.

– Combien il fait ?

– 42, il fait. Ou 43, ça dépend des modèles.

– Celui-là taille petit. Je vais chercher un 43. Si ça ne va pas, j'ai autre chose qui serait peut-être plus...

– Déchausse-toi, en attendant, papa. Voilà... Très bien...

– Voyez, madame, c'est bien ce que je vous disais, il aura du mal à les enfiler.

– On pourrait peut-être lui essayer la pointure au-dessus.

– Ça va faire pareil. C'est la forme qui va pas. Je vais vous montrer autre chose. Marron, fauve ou noir ?

– Plutôt noir, hein, papa ?

– Je ne sais pas s'il m'en reste, je vais voir... Non, j'ai plus que du marron dans cette taille-là. Vous voulez voir ?

– Non, marron, il n'aime pas tellement... Il en a déjà, hein, papa ? Bon, ça ne fait rien. Merci, mademoiselle. Allez, viens, papa, tiens, prends ta canne. Dis au revoir à la dame.

Vous savez où on en est, là ? Je veux dire, quel jour, quel mois ? J'ai perdu le fil, moi. Les courses avec Papy, ça devait être un samedi après-midi. Tiens, j'ai envie de profiter du week-end pour vous emmener faire un tour chez JJ. Mais je ne sais pas sous quel prétexte. Ce qui est tuant dans ce genre de truc, de pseudo-roman, c'est d'imaginer ce qui se passe entre les scènes, quand les personnages ont quitté les pages du bouquin. Qu'est-ce qu'ils font ? À quoi ils pensent ? Qu'est-ce qui leur arrive ? Où ils vont ? Pourquoi ils reviennent ?

Ouais, bon, d'accord, c'est pas à vous de me le dire. Je devrais le savoir. Les autres, les écrivains, les vrais, quand ils passent à « Apostrophes[1] » ils vous en parlent pendant des heures de leurs personnages : Oui, là, sur ce quai de gare, Germaine, c'est une amoureuse, une tendre, il ne faut pas l'oublier. Germaine, stupéfaite de ne pas voir Jean-Charles à la descente du train. Germaine va se laisser emporter par les affres d'une passion jalouse, désespérée. Elle a chaud, elle a froid, elle tremble de tous ses membres. Et quand, soudain, elle l'aperçoit derrière un chariot à bagages, cette joie qui fond sur elle, comme un oiseau de proie, ce regard extasié, ce cri jailli de ses lèvres sensuelles... Ah ! mon amour ! Enfin, vous !

Et Pivot qui en profite pour enchaîner : C'est pas comme votre Emma, hein mon cher monsieur Flaubert. Quelle emmerdeuse ! Qu'est-ce qu'elle veut au juste, on comprend pas. Pourquoi est-ce qu'elle rouspète, là, page 184 ? Qu'est-ce qu'il lui a encore fait, ce pauvre Bovary ? J'aimerais pas être à sa place...

Ben, voyez, moi, ma Lolotte, c'est exactement ça, c'est tout le portrait d'Emma. Un vrai pot de colle. Elle n'a pas pu joindre JJ au téléphone. Elle a essayé toute la journée. De chez elle. D'une cabine. De chez son père. Ou c'était occupé ou ça ne répondait pas. Alors, n'y tenant plus,

---

1. Une émission de télé qui fait la pluie et le beau temps dans l'édition. Je le précise à l'intention des jeunes lycéens qui auront ce petit chef-d'œuvre de la littérature française, ce grand classique, au programme de seconde B et C' en 2999.

qu'est-ce qu'elle fait ? Elle passe chez lui – il habite un studio près de Montparnasse – sans prévenir, sans rien, sur le coup de dix heures du soir. Elle sonne. Non, elle n'a pas les clés. Il ouvre. Visiblement, ça n'a pas l'air de l'enchanter de la voir plantée sur le palier.

– Je peux entrer ?

– Ben, c'est-à-dire, je suis en train de passer l'aspirateur dans le living. J'en ai encore pour un petit moment. Si tu veux attendre dans la chambre. Attention, enlève tes chaussures, tu vas me faire des marques sur le plancher avec tes talons aiguilles.

– Ce que tu peux être maniaque, c'est pas possible !

– On ne va pas recommencer. Tu es désordre et je suis ordonné. À part ça, quoi de neuf ? Tiens, à propos, ne t'approche pas de mes fenêtres, je viens de les faire. Je ne tiens pas à retrouver la marque de tes doigts sur la vitre. Assieds-toi sur le lit et...

– T'as pas peur pour l'arrondi de ta couette, si j'y pose mes fesses ?

– Oui, au fond, t'as raison. Mets-toi plutôt sur le fauteuil.

– Et si j'allais à la cuisine ? T'as pas envie d'une tasse de thé ou d'une soupe en sachet ?

– Le thé, ça m'empêche de dormir. Et le potage après dîner...

– T'as dîné ? Où ? Au restaurant ? T'aurais quand même pu m'emmener.

– Forcément, j'ai dîné. À dix heures du soir, je ne vois pas ce que ça a de tellement étonnant. Pourquoi au restaurant ? Seul, je n'y vais pratiquement plus. C'est hors de prix et ce n'est jamais aussi bon que chez soi.

– Mais qu'est-ce que tu racontes ? T'as pas mangé ici. Il n'y a pas une assiette qui traîne, pas un fond de casserole, pas un verre sale, rien...

Question posée par Mme Sarraute du *Monde à l'Envers* aux Grosses Têtes que vous êtes : Dans quelle pièce de l'appartement se trouvent-ils en ce moment, Lolotte et JJ : l'entrée, la cuisine, la chambre ou le living ? La cuisine ! Bonne réponse de Monlecteur Estuncrack.

— J'ai fait ma vaisselle en sortant de table. Comme ça, c'est fait. C'est beaucoup plus agréable de passer devant un évier propre, impeccable.

— JJ, t'es impayable, je te jure ! Tiens, tu me fais penser à la Miche. Quand ils ont du monde, avec Roger, elle se tire pendant le plat de viande pour aller laver ses assiettes et ses couverts à poisson en douce.

— Qu'est-ce que ça a de tellement extraordinaire, je ne comprends pas... Écoute, chérie, non, ça non, tu ne vas pas commencer à te faire des tartines. Non, sérieusement, referme le frigidaire et range cette corbeille à pain. Tu vas me mettre des miettes partout. Va falloir que je relave le couteau à beurre.

— Bon, allez, relax ! Je range la corbeille et toi, tu ranges l'aspirateur. Tu finiras de le passer demain. Allez, viens. Tu sais quoi ? Ni soupe, ni thé, ni pain. Un verre d'armagnac. On va se le siroter gentiment en se chouchoutant sur le canapé.

— Ça veut dire quoi, ça, Lolotte ? Il y a de nouveau de la couche-culotte dans l'air ? Si tu veux me refaire le coup de l'heureux papa, alors là, pas question. De toute façon, tu sais très bien que j'ai horreur de faire ça chez moi.

— Ça c'est encore un de tes trucs ! Chez moi, les draps sont sales. Ici les draps, ça les salit. Toi, question vie sexuelle, sorti de l'hôtel... Tiens, on m'en a recommandé un pas mal rue Danièle-Casanova. Tu paies avant de monter. Et t'as droit à une serviette en rab.

— T'as vraiment aucune pudeur ! Une chatte en

chaleur. Tiens, à propos de faire ça chez toi, avec Patrice dans la pièce à côté, il m'a téléphoné. Le petit frère, il n'y tient pas plus que moi. Il préfé- rerait nettement une moto. Et moi...

— Toi, un four à micro-ondes. Je sais. De toute façon, aujourd'hui la question ne se pose pas. J'ai mes argantes. Tu ne risques rien. Moi non plus du reste. Toi, les femmes qui ont leurs règles, c'est pas ta tasse de thé.

— Ce que tu peux être vulgaire, franchement, c'est pas possible.

— Allez viens, oublie ce que j'ai dit. Viens t'asseoir à côté de moi. Ne fais pas ta mauvaise tête. Viens, mon chéri, viens ou je fous en l'air ta pile de magazines. Elle est bien rangée, là, impeccable, au carré... Viens tout de suite ou...

— Touche pas à ce numéro du *Point* ou je te file une baffe.

— Je ne touche à rien. Même pas à toi. Tu vois qu'on est bien là, assis côte à côte, bien sages, comme chez le dentiste.

— Ah ! évidemment, ça fait moins tente berbère que chez toi. Moi, je ne vis pas dans un foutoir.

— Tiens, ça me fait penser... Tu sais ce qu'on devrait faire ? Aller se coucher.

— Comment, tu veux passer la nuit ici ? J'aurais dû m'en douter.

— Ben, oui, évidemment. Si je passe te voir à dix heures du soir, c'est pas pour que tu me vires à onze. D'autant que je prends assez tôt demain matin, faudra que je me lève en même temps que toi. Tu vois, ça tombe bien. Et puis comme ça, au lit, j'ai une petite chance de me faire peloter. Dans ton sommeil, qui sait, tu me pren- dras peut-être pour ton polochon...

— Lolotte ! Lolotte ! Tu dors ?
— Oui... Qu'est-ce qu'il y a ?
— Je me demandais si tu avais pensé à rincer le lavabo après avoir fait ta toilette hier soir.

– J'en sais rien, écoute… Laisse-moi dormir.

– T'en sais rien ! T'en sais rien ! Naturellement c'est à moi d'aller vérifier !

– Non, mais t'es dingue ! T'as vu l'heure qu'il est ? Ah ! non, je t'en supplie, n'allume pas. Je ne pourrai jamais me rendormir après. JJ ! Reste au lit ! Oui, je l'ai rincé. Je l'ai même passé à l'Ajax ammoniaqué. Il est complètement givré, ce mec… Bon, alors t'as vérifié ? Pourquoi ça t'a pris si longtemps ?

– J'en ai profité pour passer un coup de chiffon sur l'écran de la télé. Je ne me rappelais plus si je l'avais nettoyé après le journal de vingt heures.

Coco, son chef, c'est une chefesse, je vous l'ai dit, ça. Une redoutable. On l'a surnommée « Madame » dans le service. Elle confond le personnel de bureau et le personnel de maison. Ce matin, elle a commencé par demander à Coco de lui retenir une table pour déjeuner chez Pierre Traiteur. Puis elle a changé trois fois d'idée. Il a fallu commander, décommander et recommander ailleurs. Puis son collant a filé. Est-ce que Coco ne pourrait pas être un amour et passer lui en acheter un autre avant d'aller à la banque chercher un peu d'argent ? Elle en avait, Madame, mais elle l'a oublié dans la poche à fermeture Éclair du sac qu'elle portait hier. Puis elle s'est tirée en disant qu'elle reviendrait à quinze heures signer un courrier urgent. Et là, il est bientôt seize heures et elle en a marre d'attendre, Coco.

Elle appelle Lolotte :
– T'as fini ? Moi, je me casse, Madame, ras le bol ! Elle se démerdera sans moi. T'es pressée de rentrer ? Bon, ben, d'accord, on se fait un petit pia-pia au bar-tabac. Et puis je te pousse jusqu'au métro.

Maurice, le garçon de café, leur sert deux thés au lait et Lolotte démarre à fond la caisse.

— Alors, Coco, l'Anglais ? T'as pensé à passer le prendre ? Il te va ? Il est pas un peu jeune pour toi ?

— Oui, peut-être un peu. Il fait très sport. Pour les week-ends ça va, mais dans les dîners en ville, le blouson cradingue, le jean déchiré, les trois sweat-shirts superposés, c'est quand même un peu négligé. Et puis il y a le problème de la taille.

— Il t'arrive où ?

— Au lit, quand on est allongés nez à nez, il m'arrive à mi-mollets.

— C'est bon, ça, comme longueur. C'est la mode cette année. Mais il est pas un peu petit d'où je pense ? Moi, j'avais l'impression qu'il me flottait dedans. De ce côté-là, c'est pas le grand pied !

— Tiens, à propos, j'ai lu un truc désopilant dans un magazine américain. Sur le grand O justement, l'orgasme baladeur des nanas depuis la Belle Époque. Depuis Freud, quoi. Lui, il disait que c'était vaginal, tu te souviens ?

— Ouais, très bien. Et puis les féministes ont dit que c'était pas vrai, que c'était tout faux. Leur zizi, les mecs pouvaient aller se le mettre ailleurs. Il n'y en avait plus que pour le clitoris. Ah ! ce cirque ! On n'arrêtait pas de faire semblant. Oui, mon chéri, oui... plus profond ! Oui, ma grande, oui... plus léger ! Elles étaient aussi chiantes, aussi susceptibles qu'eux.

— Maintenant, tout ça, terminé. Tu sais où ils ont décidé que ça se passait ?

— Aucune idée.

— Entre les oreilles.

— Pas possible !

— Je te jure. Mais comme ils sont pas sûrs, pour te faire décoller, ils tripotent fébrilement toutes les manettes du tableau de bord.

— Écoute, c'est David tout craché ! Tu le verrais, c'est à mourir de rire.

— Mais je l'ai vu, idiote, c'est moi qui...

— Ah ! c'est vrai, j'oubliais. Ben alors, qu'est-ce que t'as foutu avec lui ? Tu aurais au moins pu lui expliquer le coup du point G et lui faire faire un peu d'exercices manuels.

— Arrête ! Ça me fait penser, pour le point G, les Américains sont persuadés que l'Allemand, tu sais, là...

— Gäfenberg.

— Oui, ben pour eux, il a dû se planter quand il a cru mettre le doigt dessus après la dernière guerre. Ça va faire quarante ans qu'ils essaient de le retrouver. Un jour ça y est, ils l'ont, et le lendemain, non, ils l'ont paumé.

— Qui « ils » ?

— Ben les blouses blanches, les savants, c'est du travail de laboratoire.

— Sur des souris ?

— Si tu veux. En fait c'est des prostituées. Elles sont payées pour.

— Au compteur ou à l'heure ?

— À l'heure. Avec des primes de rendement. Au-dessus de dix-huit contractions-minute, t'as droit à un bonus.

— Dix-huit ! Putain ! C'est pas tous les jours, dis donc !

— Là, si. Les mecs sont équipés pour. Et il y a pas que ça. Dans les amphis, quand ils dissèquent les cadavres, ils se gardent le vagin. Ils l'examinent. Ils tapent sur les parois. Ils vérifient la plomberie, les tuyaux bouchés, encrassés, les fils conducteurs, les pannes de secteur. Ils montent et ils démontent le tout pour essayer de comprendre comment on est faites.

— Dis donc, depuis bientôt un siècle qu'ils tâtonnent, qu'ils boulonnent, ils vont bien finir par piger, tu crois pas ?

— Pas forcément. Les mortes ne parleront pas. Et les filles ont intérêt à la boucler. Le plus vieux secret du monde est bien gardé, t'inquiète !

– N'empêche ! C'est quand même étonnant, avoue ! Les hommes ont réussi à localiser leur orgasme il y a des millions d'années déjà. Le nôtre, toujours pas. S'ils étaient faits comme nous, ils en seraient encore à chercher leurs genoux.

Pauvre Roger ! Il a chopé un tour de reins samedi matin en descendant une valise pleine de vêtements d'été – il la croyait vide – du haut du placard où elle était rangée. Il a failli tomber de son escabeau dans un hurlement de douleur paniquée. Putain de bordel de merde ! Son week-end ! Vite, Micheline, fais quelque chose, aide-moi, appelle un toubib, remue-toi, tu te rends pas compte... !

Si ! Un peu quand même. Elle a une petite idée de l'étendue du désastre. Non seulement il va rater le train de Deauville – elle a trouvé les billets dans une poche de son veston hier –, mais il ne va même pas pouvoir la prévenir, sa pouffiasse. À l'heure qu'il est, elle doit déjà être en train de l'attendre sur le quai. Il faudrait qu'il puisse téléphoner à la gare et lancer un avis d'appel par haut-parleur. Devant la Miche, c'est pas évident.

Et même derrière son dos. Il a tellement mal au sien de dos, ça le pince, ça le vrille, ça le déchire, ça le coince. Ouille, aïe, aïe... Quoi, un lumbago ? Sûrement pas ! C'est sûrement beaucoup plus grave que ça. Et si c'étaient des coliques néphrétiques ? Alors, ce médecin, il vient ?

Qu'est-ce qu'ils se dorlotent, hein, les mecs ! Remarquez, c'est assez normal. C'est fragile, le garçon, c'est délicat, ça vit moins longtemps que la fille. Ça n'a pas de santé, c'est pas résistant. Ça claque au moindre courant d'air, ça se démolit pour un rien. C'est condamné dès la naissance. Et même avant. Un faux mouvement et c'est la fausse couche. Non, sérieux, c'est une espèce en voie de disparition, l'homme. Les chiffres sont là, effarants. Un gamin de moins d'un an a deux fois plus de pépins qu'une gamine. Forcément, il est plus casse-cou, plus touche-à-tout, tout ce qui coupe, brûle, infecte, étouffe et supprime.

Après, c'est pareil. Les adolescents n'arrêtent pas de se tuer. La moto, le cinquième étage, la bagnole, le fusil de chasse, le solex, la kalachnikov, les barbituriques... Ou ils se suicident, ou ils se battent, ou ils se bousillent sur les routes. Le 1er Novembre, le jour des Morts, c'est l'hécatombe. À la fleur de l'âge... Tchlac ! Ensuite l'alcool, la bouffe, le tabac, les sports violents, les métiers à risques, la course au rendement, le plan de carrière et la retraite-couperet vous les détruisent très efficacement.

C'est très curieux. Plus ça va, plus le fossé s'élargit entre l'espérance de vie des mecs et celle des nanas. Elles ont beau les imiter, fumer, picoler, draguer, bosser, stresser, aucune importance, elles sont increvables. Eux c'est le contraire, ils disparaissent à toute allure. Au point même que les Suisses viennent de lancer une campagne de protection de l'homme. Vous me direz, c'est leur truc, ça, leur hobby : les réserves naturelles, l'équilibre des espèces. Là il est drôlement compromis. Il y a eu des tas d'études faites là-dessus. Les résultats concordent. Tous catastrophiques. Mais ça, motus, sujet tabou. On n'ose pas le leur dire aux hommes qu'ils n'en ont plus pour longtemps. Déjà qu'ils se chouchoutent comme c'est pas permis, au moindre bobo, un cor au pied, un coryza, un panaris, ils s'alitent. Là, ce serait la panique.

La panique, Roger y est en plein. Impossible de trouver un médecin. Ils sont tous sur répondeur. Le seul que la Miche ait réussi à joindre refuse de se déplacer. Et recommande, désinvolte et distant, une piqûre de je ne sais quoi. La Miche a noté le nom du médicament et elle a appelé Lolotte pour lui demander de passer le prendre à la pharmacie avant de venir la lui faire, son intramusculaire, à Roger. Ça a l'air de l'avoir calmé.

— T'es mignonne, tu sais, Lolotte, t'es vraiment chou. J'aurais voulu que t'entendes ces gémissements, ces halètements, ces hurlements, t'aurais cru qu'il allait accoucher. Comment t'expliques qu'ils soient aussi douillets, les hommes ?

— J'en sais rien, moi. D'après la mère Sarraute, c'est parce qu'ils se savent menacés. On a beau le leur cacher, ils se doutent de quelque chose. Ils sont débiles, mais ils sont pas idiots. Si on fabrique encore plus de filles que de garçons, c'est à cause de la casse justement. Mais maintenant, avec l'insémination artificielle, les banques de sperme, tout ça, on en aura moins l'usage. La demande va diminuer. Et la production va suivre. C'est automatique. Tiens, ça me donne une idée. Si j'y allais ?

— Où ça ?

— À la banque. Pour le bébé.

— T'as besoin de liquide ? Je peux t'en passer.

— C'est à Roger ?

— Oui, mais quelle importance. Si ça peut t'arranger, n'hésite pas. Avec moi, en ce moment, je vais te dire, il le lâche pas volontiers. Alors plutôt que de le voir courir le dépenser sur cette pute !

Qu'est-ce que vous en pensez, vous ? De quoi ? Ben, de ça... De l'insémination artificielle, des banques de sperme, des ventres à louer, des embryons congelés, des mecs enceints, des pères donneurs, des mères porteuses, des bébés-éprouvettes et bientôt des bébés en bocaux ? Moi, rien. Enfin, si, tout. Je pense tout comme Aldous Huxley. Un génie. Le Génie. Avec un grand G.

Un génie méconnu comparé à George Orwell. Pourquoi tout ce foin en 1984, autour de l'anniversaire de son bouquin sur Big Brother, le maître du Kremlin devenu maître de la planète, je ne comprends pas. Il s'est complètement gouré. Il y a belle lurette que le petit père des peuples ne règne plus que sur un glacis de pays satellites épuisés, anémiques, saignés à blanc comme l'Afghanistan. Alors qu'en face, vous avez vu cette poussée démocratique ? Elle fait des petits, la liberté, elle lapine jusqu'en Afrique.

Huxley, lui, c'est autre chose. Il a tout vu, tout prévu, tout inventé. *Le Meilleur des mondes,* vous connaissez ? Non ? Alors, précipitez-vous. Vous serez estomaqué. Jules Verne c'est rien à côté. Les tranquillisants, les clubs de gym, les cassettes sous l'oreiller qui permettent d'apprendre en dormant. Les classes sociales, alpha, bêta, A, B, C, D, E, dénominations déjà adoptées par ces réalistes de British. Les os et les chercheurs du CNRS fabriqués à la demande et à la chaîne. La reproduction naturelle, impensable. La passion, interdite, sauf sous forme de piqûre intraveineuse sur prescription médicale. Bon, j'arrête. Ça me file des complexes. À côté, moi et mes histoires de nanas, ça ressemble à quoi ?

À la salle d'attente d'un gynéco ! Ça fait des heures qu'elle poireaute, Lolotte. Elle a feuilleté tous les magazines écornés, déchirés qui traînent sur une table basse en osier. C'est un médecin de quartier. Elle a reluqué toutes les femmes en cloque, assises façon madone, dos droit, mains haut croisées sur le ventre. Et là, elle s'est branchée, mine de rien, sur une conversation très animée entre deux clientes qui déballent, pas gênées, leurs paquets d'ovaires, de trompes, d'ovules, de spermatos... Et des règles, t'en as ?

— Ouais, c'est à désespérer. Ça faisait huit jours que j'avais rien vu. J'étais sûre que ça y était.

Et puis l'autre matin, catastrophe, les Anglais ont débarqué. Jamais je l'aurai, ce bébé.

— Tiens, je voulais te demander... T'essaies combien de fois par semaine ?

— Le plus souvent possible, je ne sais pas, moi, pratiquement tous les jours.

— Très mauvais, ça. Ils ont fait des statistiques, faut avoir exactement quatre rapports par semaine. Là, t'as trente-neuf pour cent de chances que ça marche. À cinq, ça retombe à trente-trois pour cent. Alors, tu vois, c'est pas la peine de te fatiguer inutilement.

— Moi, ça va, je ne rechigne pas. Ce serait plutôt Pierre-François. Il en a par-dessus la tête. Il est irritable, il est mal à l'aise. Chaque fois qu'il doit aller au labo lâcher son sperme dans une tasse pour qu'on voie où ils en sont, ses spermatos, il fait la gueule, il m'en veut. Et là, pour le remettre en état, le soir...

— Il en a toujours aussi peu ?

— Il en faut de quatre-vingt-dix à cent vingt millions par giclée, tu te rends compte ! On en est encore loin. En plus, ils sont feignasses les siens, ils manquent de vitalité. Déjà que mes trompes, paraît qu'à Necker, ils ne les ont pas complètement débouchées...

— Dis donc, ses bains de siège à l'eau glacée, il les prend, Pierre-François ?

— Oh ! c'est la croix et la bannière. Ça le rend fou furieux.

— Question alcool, tabac, tout ça... ?

— Supprimés. Ça le met d'une humeur !

— Il ne porte plus de slip, naturellement ? ça comprime, c'est pas bon.

— Je les ai tous balancés et je lui ai acheté des caleçons avec des fleurs, des traces de baiser, des raquettes de tennis, très chouettes, très mignons. Il les a en horreur.

— Ah ! tiens, j'y pense, il est en quoi, votre matelas ?

– Ben, en mousse.

– Alors, cherche pas, c'est ça. Ils ont découvert un truc pas possible aux États-Unis. Pour pas que ça s'enflamme, on l'imbibe d'un produit spécial. Résultat, le mec qui est couché dessus, ça l'éteint.

Allez, Coco, te mets pas dans des états pareils ! Elle est folle sa copine, à Lolotte. Vous savez ce qui lui est arrivé ? Un petit truc de trois fois rien, comme il vous en dégringole sur la tronche quatorze fois par jour, mais elle, ça lui a tourné les sangs. Voilà, ce matin, elle n'a pas entendu le réveil. Merde, c'est pas vrai ! Huit heures moins le quart ! Elle bondit, elle se rue, elle culbute de la cafetière électrique à la salle d'eau. Elle se brosse les dents d'une main, de l'autre, elle griffonne un mot qu'elle laissera sur le frigo à l'intention de la femme de ménage. Elle pète ses collants, elle se casse un ongle, elle oublie son parapluie, elle dégringole ses quatre étages, elle attrape un croissant au vol à la boulangerie du coin... Merci, m'sieur Legras, la monnaie, ça fait rien, vous me la rendrez ce soir. Pas le temps d'attendre le bus, tant pis, elle s'engouffre dans un taxi. Il y a une borne à deux pas de chez elle. Cinq minutes plus tard, dans une rue déserte, où rien ne bouge, où rien ne passe, elle se retrouve éjectée sur le trottoir comme une malpropre. C'est le cas de le dire. Elle avait eu le culot de mordre dans la corne de son croissant, au risque de laisser tomber une miette sur la banquette arrière du véhicule. Fureur du conducteur : Non, mais c'est pas vrai ! Mon bahut, c'est pas un buffet. Allez, ouste, dégagez ! Il a ouvert la portière et il l'a jetée. C'est dingue, non ?

Mais non, Coco, c'est courant. Moi, une fois, je me suis fait sortir par une virago flanquée d'un énorme chien. Il y avait des poils partout. Pourquoi elle m'a virée ? Parce qu'elle m'a vue dans le rétroviseur sortir un peigne, pas un colt, un peigne, de ma poche. Elle a stoppé net : Non, mais c'est pas vrai ! Où c'est que vous croyez que vous êtes ? Dans un taxi ou chez le coiffeur ? Raus ! Dehors !

Pourquoi je vous raconte ça ? D'abord pour consoler Coco. Ensuite parce que c'est à peu près ce qu'il lui a dit, le gynéco, à Lolotte, après l'avoir examinée. Non, ne comptez pas sur moi pour psalmodier le couplet attendu sur la femme objet d'examen, humiliée, étalée sur le dos, les pieds dans l'étrier, ouverte, offerte à la concupiscente curiosité d'un spéculum et d'un doigt sous cellophane. Elle a l'habitude, Lolotte. Elle s'en tape. Moi aussi. Entre la table du gynéco et le fauteuil du dentiste, moi, je préfère encore la table, pas vous ?

Lolotte, ce qui l'embête, c'est pas ça, c'est après. Quand il lui a dit d'aller se rhabiller, le mec. Et d'aller se faire foutre. Littéralement. Elle était en parfait état de marche. Qu'elle ne compte pas sur lui pour mettre du carburant dans son moteur. Non, mais pour qui elle le prenait ? Avant les femmes venaient se rouler à ses pieds : Docteur, faites quelque chose, j'en veux pas de ce bébé. Maintenant, c'était le contraire : Docteur, il y a sûrement quelque chose à faire, je le veux, ce bébé.

D'abord, avant de songer au bébé, madame, faut songer au mari. La faculté ne prescrit des pères sur ordonnance que dans certains cas très précis. Dans les hôpitaux, les banques de sperme, les CECOS ça s'appelle, ne fournissent qu'à la demande des couples stériles. Et la semence leur est offerte gratis par des couples fertiles, capables de présenter au moins un échantillon de leur production.

De toute façon, le sperme, c'est comme le sang, on en manque. On a beau multiplier les appels, les slogans : Soyez pas nuls, filez vos globules –

Soyez pas stupides, donnez vos spermatozoïdes, les gens rechignent. Ils sont de plus en plus durs à la détente.

— Coco, écoute ce que je te dis. Arrête de me regarder avec ces yeux de ruminant. T'es toujours en train de mâchonner ce foutu croissant ou quoi ?

— Non, c'est pas ça, je m'en fiche, tant pis. Mais je comprends rien à ce que tu me racontes. Ça veut dire quoi ?

— Ça veut dire qu'on ne délivre pas de sperme à l'œil à une femme seule. De toute façon ils en ont plus.

— T'as qu'à t'en procurer au marché noir. Il y a sûrement des gynécos qui se fournissent auprès d'étudiants en médecine et qui revendent la marchandise à leurs clientes.

— Peut-être, mais pas lui. Pas le Dr Fouremois. Je lui en ai parlé, il m'a envoyée péter.

— Tiens, ça me fait penser, tu sais, Laurent... Mais si, celui que j'ai vu débarquer l'autre jour en caleçon dans la cuisine, sur les talons de Stéphanie. Ben lui, la filière du sperme, il la connaissait dans le temps. Côté donneurs. Ça lui permettait de se faire un peu d'argent de poche. Là, il a arrêté, il a peur.

— Peur de quoi ?

— Peur qu'en France, on se mette à imiter le modèle suédois. Maintenant, là-bas, à sa majorité, un gamin conçu sur une table d'examen aura le droit de savoir d'où ça sort ce qu'il avait dans sa canule, le gynéco. Il a sorti sa calculette, Laurent : à se masturber comme ça deux fois par mois dans les toilettes d'un toubib qui prélève sa commission au passage, ils vont être combien à lui téléphoner dans dix-huit ans, à le taper : Allô, papa, je suis ton fils, t'as pas cent balles ?

— Combien ?

— De quoi remplir un pensionnat. Du coup, il a fermé boutique. Mais, bon, il pourrait peut-être repiquer au truc, rien qu'une fois, pour te dépanner. Tu veux que je lui demande ? Que je leur demande ? Faudrait, bien sûr, que ma fille soit d'accord.

— Pourquoi ?

— Écoute, Lolotte, on peut pas lui emprunter ses affaires sans lui en parler, à Stéph. Ça se fait pas.

— Mais il n'est pas question que je couche avec son mec.

— Évidemment, mais quand même... Réfléchis, ce gosse, s'il te le donne, il sera à toi, pas à elle, tout en étant à lui, lui étant avec elle, pas avec toi et toi étant avec lui sans être avec elle et...

— Oh là là ! Ce que c'est compliqué ! Non, laisse tomber. De toute façon, c'est pas pour te vexer, mais il ne me plaît pas physiquement.

— Quelle importance ? Là, justement, c'est pas un problème.

— Ben, si, quand même.

— Enfin, voyons, Lolotte, il ne sera pas couché sur toi, il sera debout derrière une porte. Fermée. Tu ne le verras pas.

— C'est pas là, maintenant, c'est dans dix-huit ans.

— Quoi dans dix-huit ans ?

— Il sera pas debout derrière une porte. Il sera assis en face de moi et je le verrai tous les matins au petit déj : le portrait de son père.

Pourquoi est-ce que c'est toujours aussi dégueulasse à la cantine ? C'est vrai, c'est pas bon et ça sent mauvais. Une odeur spéciale. Comme dans les hôpitaux. Pas la même, mais tout aussi spécifique. Un mélange d'eau de vaisselle, d'eau de poireaux et d'eau de Javel. Les plateaux sont collants, les sardines racornies, le jambon gluant, le poulet froid aussi, les plats en sauce trop salés, les côtes de porc-purée, pas assez.

On y va pourtant. Passé les bouchons aux heures

de pointe, la queue au péage des tickets, ça va vite et c'est pas cher. Pas plus cher qu'un simple croque-monsieur ou une omelette au bar-tabac du coin. Plutôt moins. Infiniment moins cher que les restaurants du quartier. Un plat du jour, un quart de vin et un café, ça revient tout de suite à cent cinquante, cent soixante-dix balles. Comment ils font les rédacteurs qui y vont tous les jours ? Ils font pitié ! Faut les voir, au moment de payer l'addition, fouiller leurs poches vides, sortir un chèque unique tout chiffonné, celui que leur femme consent à leur donner chaque matin pour payer le restaurant, avec deux pièces de dix francs : cigarettes, un paquet, café, pas en terrasse, au comptoir. Taper un copain : je te le rendrai demain. Rallonger, en vieil habitué, l'ardoise qu'on paiera au début du mois prochain.

Le restaurant, les filles (c'est comme ça qu'on les appelle, les secrétaires) – Dites à vos filles d'appeler les miennes : faut qu'on déjeune – n'y vont jamais. Sauf si elles y sont invitées. Ce qui est très rare. On mélange rarement les torchons et les serviettes dans les entreprises. Pas en public toujours !

Elles alternent, Coco et Lolotte. Ou la cantine ou le croque. Souvent suivi d'un petit tour aux Galeries ou d'un brushing. C'est là qu'elles sont aujourd'hui. Chez le coiffeur, en bas de la rue à droite. Yves leur fait des prix. Elles le tutoient. C'est devenu un ami.

Devinez de quoi elles parlent, en attendant de passer au shampooing. De leurs mômes, de leurs mecs, de leurs chefs. Ça mouline. Un vrai manège. Et tournent, tournent, les chevaux de bois de leurs ennuis, de leurs railleries, de leurs fâcheries. Madame c'est fait. On l'a laissée filer sans trop l'égratigner. On la rattrapera au passage. Là on en est au bébé, flanqué de son père putatif. Qui ? JJ ? Coco sort en vitesse la cassette : JJ, mauvais père, mauvais mari. Elles la connaissent par cœur.

Aucune importance, c'est un de leurs airs favoris. Comment ça commence déjà ? Ah oui !

– JJ ? Non, mais t'es folle ! Enfin rappelle-toi, avec moi. Quand on s'est séparés, Stéphanie avait quoi ? Six ou sept mois. Je me souviens, on la trimbalait encore dans son couffin en vacances. On est restés très copains. Qu'est-ce qui l'empêchait de continuer à s'en occuper ? Continuer, façon de parler. Il n'a jamais commencé. Il est arrivé à la clinique, j'allais en partir. C'est un monstre d'égoïsme, ce type, je vais te dire. Si ç'avaient pas été mes parents, question de m'aider...

– Oh ! dis donc, Coco, je te fais un coq, un coq-à-l'âne. Ça me fait penser... Tu crois pas qu'en juillet tes parents pourraient prendre mon père à Arcachon ? Ils sont à peu près du même âge. Et puis ils ont si souvent pris Patrice et Stéphanie dans le temps, que je me demandais...

– Non, mais ça va pas ! Ils sont beaucoup trop fatigués pour s'occuper de vieux parents. Surtout que le tien, attention, c'est un travail à plein temps. Il n'arrête pas de faire des bêtises. Faut toujours être après lui. Il ne reste pas en place. Il disparaît, tu sais pas où il est. Lui non plus. On te le ramène, il s'est perdu...

– C'est rare, ça. Il est très sage, très mignon. Très adulte. Bien sûr quelquefois... Ça le prend brusquement ces... Je pensais d'ailleurs l'envoyer là-bas avec une jeune fille au pair.

– Où tu vas trouver ça ? Et puis, écoute, franchement c'est pas le problème. Ils n'aiment pas les vieux, mes vieux. Ça les déprime, ça leur fout le cafard. Ils trouvent ça moche, triste, pas ragoûtant. T'as pas une autre solution ? Il devrait y avoir des colonies de vacances pour les parents. Ça tombe sous le sens. À quoi ils pensent les comités d'entreprise, tu peux me dire ? À refiler nos sous à la CGT, c'est tout.

– OK, OK, on va pas engager le débat sur les fonds secrets du PC. J'ai autre chose à m'occuper... Yves, tu me coiffes comment ? Je voudrais changer de tête mais j'hésite. Qu'est-ce que tu me conseilles ? Caroline ou Madonna ?

Ça ne va pas, dites donc, Ned, en ce moment. Je ne sais pas ce qu'il a. Il est distrait, irritable, avec des brusques accès de tendresse désespérée. Et il a drôlement décollé. Depuis quand il est comme ça ? Je ne me rends pas bien compte. L'autre jour, il y a déjà deux-trois semaines de ça, il est passé au journal. Il cherchait quelqu'un avec qui déjeuner. Tout le monde était pris.

Dans l'escalier, il tombe sur Coco qui avait rendez-vous au bar-tabac du coin avec David. Il s'est joint à eux. Il n'a pas desserré les dents. Il avait le regard en dessous, bizarre, fuyant. Il pianotait sur la table, deux doigts agacés, impatients, et il fonçait aux toilettes toutes les cinq minutes.

Il est dérangé visiblement. Lolotte, ça l'inquiète. Elle l'a invité à dîner en tête à tête. Et là, elle l'a mis sur le gril, elle est en train de le cuisiner.

— Enfin, qu'est-ce que tu as, mon petit chat ? Ned, réponds-moi... ! Qu'est-ce qui ne va pas ?
— Mais rien !
— Qu'est-ce que tu me racontes ? Tu ne manges rien. Tu me laisses tout dans ton assiette. Tu as maigri...
— Non, non, j'ai perdu un peu de ventre, c'est tout.
— Ça, du ventre, t'en as tellement qu'un peu plus un peu moins ! Non, c'est pas ça, c'est à la figure, au cou, t'as des valises sous les yeux, des bajoues, tu pends de partout, c'est affreux.
— Bon, ça va comme ça. Je ne suis pas venu ici pour me faire insulter. Si c'est comme ça, tchao, je m'en vais.
— Mon chéri, voyons, je te taquinais, t'es vexé ? Non mais ça va pas !

— Non. Ça va pas.

— Qu'est-ce que c'est ? Tu es malade ?

— Oui.

— C'est grave ?

— Oui.

— Très grave ?

— Oui, oui... Très.

— Oh ! non, c'est pas vrai ! C'est pas possible. Mon Ned, mon grand bébé ! Enfin, comment c'est possible ? Tu es sûr ?

— Oui.

— Mon Dieu, mon Dieu, mon Dieu... C'est arrivé comment ? Qu'est-ce que tu as eu comme symptômes ?

— Ben ça... J'ai perdu l'appétit, je dors plus la nuit. Je me sens mal. J'ai des étouffements...

— Tu es suivi ? C'est quelqu'un de bien ?

— Oui, très bien, très.

— Qu'est-ce qu'il dit ?

— Je ne veux pas en parler, je ne peux pas... C'est trop terrible...

— Oh, mon chéri, je ne peux pas arriver à y croire.

— Moi non plus. Tu te rends compte ! À mon âge !

— Mais ça peut s'arranger. On en guérit, tu le sais très bien. Enfin, voyons, il faut voir d'autres gens, il faut...

— Écoute, Lolotte, tu es bien gentille, mais je t'en prie, ne t'en mêle pas. Je ne...

— Enfin, si tu ne m'en parles pas à moi, à qui t'en parleras ? Tu me l'as encore dit l'autre jour, je suis ta sœur, je suis...

— Oui, ben justement, c'est pas des trucs à imposer à sa famille. Elles ne comprennent pas les familles, elles n'acceptent pas.

— Qu'est-ce que tu me racontes, bien sûr que si. Elles sont là pour ça. C'est pas comme si c'était le Sida.

— Voilà, tout de suite le Sida ! Pourquoi tu

parles de ça... C'est pas parce que je suis tombé amoureux que...

— Tombé amoureux ! Non, mais tu te fous de moi ? Tu m'as dit que t'étais tombé malade ! Moi, j'étais folle d'inquiétude. J'ai cru que t'avais le cancer, que...

— C'est pareil. Ça me tue, je suis en train d'en crever. Ah ! Lolotte, si tu savais...

— Mais qu'est-ce que c'est que ce gros chagrin, viens, mon trésor, viens là que je te fasse un câlin... Qu'est-ce que c'est que cette méchante fille qui fait bobo à mon petit Ned, hein, qui c'est ça...

— C'est pas une fille ! Pourquoi tout de suite une fille !

— Oh là là ! ça va mal dis donc ! Mais non, c'est pas une fille. Ce qu'il est vieux jeu, mon bébé, il veut pas qu'on la traite de fille, la vilaine dame, il...

— Oh, écoute, arrête de gâtifier, c'est ridicule, si t'as besoin d'un gosse, fais-en un et fous-nous la paix.

— Comme tu voudras. Je voulais t'aider, c'est tout. Tu profites de ma gentillesse pour te passer les nerfs sur moi, très bien... Mais c'est assez dégueulasse.

— Oui, c'est vrai, d'accord, je te demande pardon, mais mets-toi à ma place...

— Oh, écoute, chéri, faut pas pousser ! On y a tous été à ta place. La grande passion malheureuse...

— Qui te dit qu'elle est malheureuse ?

— Ben, toi ! T'arrêtes pas de pleurnicher, de te rouler par terre... Allô, maman, bobo ! Si c'est réciproque, où est le problème ?

— Le problème, c'est la situation.

— Pourquoi, c'est quelqu'un de marié ?

— Non, enfin... oui... Un peu collé, quoi.

— À quelqu'un que je connais ? Qui ?

— Je ne peux pas le dire.

— Tu sais que tu commences à me fatiguer avec tes cachotteries. Je ne vois vraiment pas qui ça peut être. C'est pas la Miche. D'abord elle est mariée. Ensuite elle est complètement braquée sur Roger depuis qu'il a une histoire avec... C'est pas... ?

— Roger ? Non, mais ça va pas ! Il est vieux, moche, chauve...

— Quoi ! Ned ! Tu veux dire que... ! Ah ! ça !

— Oui, c'est ça. Ça m'est tombé dessus comme une tonne de briques. Comment est-ce qu'une chose pareille a pu m'arriver ? Si tu savais comme je suis embêté vis-à-vis de Coco...

— Ah ! merde ! C'est pas vrai ! Le petit Anglais !

— Enfin, Coco, comment tu peux le prendre comme ça, je te comprends pas.

— Arrête, Lolotte, tu voudrais pas que je le prenne au tragique ?

— Non, peut-être pas au tragique, mais pas non plus à la farce. C'est terrible un truc pareil. C'est dramatique. Et en plus c'est dégoûtant.

— Qu'est-ce que ça a de dégoûtant ? La différence d'âge ?

— La différence ! C'est pas la différence, moi, qui me débecte, c'est la ressemblance, idiote. Rien que d'imaginer Ned et David en train de...

— Moi, je déteste pas. J'aime bien, au contraire. D'autant que David est très doué pour ça, très bon dans le compte rendu du simple messieurs. Il suit bien tous les échanges, il dit tout, il n'oublie rien. Il suffit de le brancher, d'appuyer sur le bouton et t'as droit à un radioreportage en différé super-sexy, super-excitant.

— Non, mais c'est pas vrai ! Tu l'as pas largué, le petit ?

— J'allais pas faire ça, voyons ! C'est un môme, David.

— Il a au moins vingt-deux, vingt-trois ans...

— Oui, bon peut-être, mais il est resté très bébé, il ne sait pas encore où il en est. Il se cherche. Sur tous les plans. Ned en est fou. Raide dingue. Ça le flatte, ça lui déplaît pas. De là à sauter le pas... D'autant qu'avec moi, c'est pareil, ça lui plaît encore assez, alors...

— C'est pas une raison pour continuer à...

— Pourquoi veux-tu que j'arrête !

— Je veux rien du tout. Je m'en fous. Je trouve ça un peu bizarre, mais bon, j'ai pas mon mot à dire, moi, dans cette histoire. C'est la mère Sarraute qui va pas tellement apprécier...

— Qu'est-ce que tu racontes ? Elle en a vu d'autres.

— Peut-être, mais elle va avoir peur de choquer ses lecteurs. Elle espère ratisser large, tu sais bien. Elle, sa cible c'est M. et Mme Tout-le-Monde, pas M. et Mme Le-Tout-Paris.

— Et alors ? Pourquoi ils seraient plus cons, moins ouverts, plus rétro à Créteil qu'à Auteuil, tu peux me dire ? Moi, ça me dégoûte, ces distinguos, ce mépris : Attention, faut pas confondre, pas mélanger les torchons et les serviettes. Faut faire deux tas, un petit d'intellos et un gros de gogos.

— Hé là ! Hé là ! Ça suffit, hein, Coco ! Je t'ai pas demandé ton avis. Tu couches avec qui tu veux et tu la boucles. Pour l'ouvrir, prière d'attendre le top sonore, OK ?

Tiens, à propos, comment vous réagissez, vous, au répondeur automatique ? Marrants, non, les messages laissés par l'abonné. L'abonné absent. On trouve de tout. C'est désopilant. Le genre hautain : Vous êtes chez maître Manchefolle, avocat à la cour. Maître Manchefolle est actuellement absent, mais il vous rappellera en temps opportun. Veuillez avoir l'obligeance de laisser vos nom, adresse et numéro de...

Le ton familier : Hou ! hou ! Ici, Fred ! Salut, toi, ça va ? T'attends le top et tu dégoises. Allez, tchao, à tout à l'heure.

Le ton suppliant : Oui, oui, vous êtes bien chez Ginette Lamerluche. Surtout ne raccrochez pas sans me dire pourquoi vous avez téléphoné. Je suis descendue acheter du fromage blanc à 0 % de matière grasse. J'en ai pour cinq minutes et je ne voudrais pas vous rater. Surtout que je suis libre en ce moment, pas de télé, pas de pub, pas de synchro, pas de... Enfin, rien, quoi, alors je vous rappelle immédiatement.

Le ton famille : Salut ! On a été obligés de sortir nous deux Germaine. Elle est allée chez le coiffeur, après elle passe chez sa mère. Moi, je suis chez le dentiste. On sera rentrés vers quatre-cinq heures.

Le ton snob : Je suis dans ma piscine à Acapulco, mais je vous reçois à distance. Le temps de finir mon dry martini et je vous rappelle, cher ami.

Le ton aguichant : Vous êtes bien chez Maggy. Quand je vous rappellerai, je serai allongée sur mon lit. Nue. Avec mes bas et mes jarretelles. Alors, allez-y, vous gênez pas, dites tout ce qui vous passe par la tête, lésinez pas sur la cochonnerie, j'adore ça, mon gros vilain.

Le ton brouillon : Vous êtes chez moi. Pardon, je veux dire, chez Jean-Pierre. Jean-Pierre Lévêque. Je suis un peu souffrant. Non, je me trompe. Je suis pas là, j'ai un rendez-vous au-dehors... Enfin, pas exactement, mais je suis occupé, quoi. Je peux pas vous prendre là. Alors, avant d'entendre le top. Attention, non, après...

Ça c'est tout moi. Enfin, ça serait moi, s'il m'arrivait d'obéir à la consigne et de basculer dans la terrifiante et silencieuse attente de la bande enregistreuse. J'ai encore jamais osé. Dès que je tombe sur un répondeur automatique, je me bloque, je panique. J'écoute pas un mot des explications et des recommandations laissées par le connard qui se permet de ne pas être au bout du fil quand je le sonne. Dans ma tête ça pédale à vide. Impossible de rassembler les quatre mots qu'il va falloir balancer à la seconde et à la commande. Je ne me souviens plus de rien. Ni comment je m'appelle. Ni où j'habite. Ni surtout pourquoi j'appelle. Quand arrive le bip, je reste muette, pétrifiée.

Enfin, pas toujours. Parce qu'il n'y a pas que la peur du vide, il y a la honte du plein. Je m'explique : deux fois sur trois, il est là, le mec, planté à côté de son téléphone. Il guette. Seul ou à plusieurs. En train de prendre un verre avec des copains ou de s'envoyer en l'air avec une nénette. Il écoute, ils écoutent votre boniment. Et si ça l'intéresse, il prend. Sinon il vous laisse vous empatouiller dans vos explications. Et ça rigole ! Et ça se gausse ! Quelle emmerdeuse, cette pouffiasse, c'est pas possible !

Alors là, j'ai une parade géniale. Ça marche à tous les coups. Même si vous appelez le P-DG d'IBM International. Vous savez ce que je leur balance ? Dommage que vous soyez pas là, il vous arrive un truc pas croyable ! Si vous saviez ! Bon, tant pis ! Et je leur raccroche au nez, sans dire qui je suis, sans rien. Tchlac ! Tiens, attrape !

Bon, c'est pas tout ça, mais où on en est ? Nulle part. La Miche, on l'a complètement perdue de vue. Roger, sa petite amie, on sait toujours pas qui c'est. Patrice, disparu. JJ, viré, pas viré ? Et Papy ? Qui ça, Papy ? Ah, oui, excusez-moi, je n'y étais plus. Ben, justement, faudrait penser à s'en occuper de Papy. On est là, on bavarde, on bavarde, on voit pas le temps passer. Et dans six semaines, ça y est, faut qu'il déménage. Son immeuble va être rénové et la gardienne se barre.

Vous vous souvenez de ce dîner chez la Miche et Roger pour un Américain de passage ? Non, vous, vous n'étiez pas invités. Seulement Lolotte et JJ. Il est minuit passé. L'Américain avait un avion à prendre de bonne heure le lendemain matin. Il est déjà parti. Les deux autres sont en train de prendre congé : c'était formidable, merci, merci, à bientôt... Et à peine la porte refermée, ils commencent à s'engueuler. JJ est blanc de colère. Lolotte rouge de fureur.

C'est quand Micheline est arrivée de la cuisine avec le rôti. Lolotte parlait de son fils, de son père, de l'adolescence qui se prolonge et de la vieillesse qui se rapproche, du marché du travail où on entre de plus en plus tard et d'où on sort de plus en plus tôt. Elle jaspinait en anglais, elle se débrouille à peu près, très en forme, très animée. Et là-dessus, je ne sais plus à propos de quoi, la Miche balance que sa sœur vient d'appeler – elle n'a même pas eu le temps d'en parler à Roger – pour dire que la maison de Bretagne serait libre cet été. Ils pourraient en profiter et y aller tous les quatre. Avec Papy naturellement. Et les enfants, s'ils n'ont pas autre chose à faire.

Lolotte acquiesce : formidable, bonne idée ! Ah ! la Bretagne. You know Brittany, yes ? Ah ! Beautiful ! Very, very. Gamine, elle y a passé toutes ses vacances chez la tante Marthe, pas exactement sa tante, une cousine de sa mère qui... Et voilà que JJ lui aboie au nez : écoute, arrête, ça n'intéresse personne, tes histoires de famille.

Elle a fermé sa gueule. Elle a fait la gueule. Et elle va lui sauter à la gueule.

De l'autre côté de la porte, c'est pareil. Il y a de l'orage dans l'air. C'est quand la Miche a débarqué avec son rôti et son histoire de Bretagne au mois d'août que ça a mal tourné. Il n'a rien dit, Roger. Pas un mot. Mais elle a parfaitement senti l'embrouille. Ce silence épais, pesant, sur grand écran, pas besoin de sous-titres pour comprendre le tour qu'il allait prendre.

Le plan Bretagne ? très peu pour lui. Il doit

avoir promis à la grosse — il paraît qu'elle est énorme, sa pouffiasse, les jumeaux l'ont vue un soir qu'elle déposait Roger en bas de chez lui : un tas… Oui, il a dû lui promettre un petit voyage en amoureux et il n'a encore aucune idée de ce qu'il va raconter à sa femme.

Alors, dès que les deux autres se sont tirés, il lance, embêté, gêné, faussement désinvolte :

— Je suis crevé, je vais me coucher, allez, bonsoir, je te laisse débarrasser.

Ça par exemple ! Il la cherche, sa scène, ou quoi ? Il la veut, il l'aura. La Miche éclate :

— Non, mais qu'est-ce que tu crois ? Je suis pas ta bonne ! Ce dîner, c'était pour qui ? Pour toi. Pour ton débile de client. Et qui a couru l'acheter, qui l'a préparé, qui l'a cuisiné, qui l'a servi ? Hein ? Qui ?

— Et qui l'a payé, hein ? Qui ?

— Ah ! Parce qu'il fallait que je le paie en plus ?

— La question n'est pas là… Je peux pas être à la fois au bureau et au marché. Dans un ménage il y a des frais et des tâches. Ou on participe ou on partage. La vaisselle c'est ton boulot, pas le mien.

— Je te demande pas de faire la vaisselle, espèce de salaud, je te demande de m'aider à desservir. Enfin, c'est dingue ! Qu'est-ce qui te prend ? Ça te contrarie à ce point-là… Ben dis donc !

— Moi, contrarié ! Jamais de la vie ! Pourquoi ?

— Ben, voyons, à cause de la Bretagne.

— Effectivement, oui, je trouve que tu aurais pu m'en parler avant d'inviter la terre entière à…

— C'est pas la terre entière, c'est deux copains. Nos meilleurs copains !

— La question n'est pas là…

— Et où elle est alors, tu peux me dire ? Elle est jamais là, avec toi, la question ! Elle est toujours de sortie.

— La question n'est pas là ! Pourquoi ce serait toi qui déciderais seule de la date et du lieu de nos vacances ?

– Qu'est-ce que c'est que ce sac de nœuds ? On est toujours partis au mois d'août. Et le plus souvent, en Bretagne, alors je ne vois vraiment pas ce que mon invitation avait de...

– Bon, ben puisque tu as toujours raison, fais ce que tu veux, va où tu veux, moi je m'en fous.

– Ça veut dire quoi, ça, exactement, Roger, hein ? Que tu vas aller où tu veux faire ce que tu veux ? On peut savoir avec qui ?

– Oh ! je t'en prie ! Où tu crois que tu es ? Dans une comédie de boulevard ?

– En plein, oui. Et c'est toi qui nous y as mis, sauf que c'est pas très drôle.

– Alors là, d'accord. C'est d'un ennui ! Il est nul, ton texte, ma vieille, banal, attendu, plat comme un trottoir.

– Ça, c'est un peu raide ! Monsieur n'est pas content de mon texte. Ça vaut pas Feydeau ! Non, mais qu'est-ce que tu imaginais ? Tu me dis d'aller me faire foutre et tu veux que j'encaisse sans une réplique, sans un mot, sans...

– Tu veux des mots ? Tiens, je t'en refile quatre. Allez, tchao, bonne nuit. Je t'en prie, je t'en prie, garde la monnaie !

– Non mais, JJ, pour qui tu me prends ? Pour une gamine ? On ne parle pas à table sans y avoir été invité par les grandes personnes !

– Ça va, Lolotte, c'est pas moi qui empêche les gens de parler à table, c'est toi ma pauvre fille.

– Tiens, ma pauvre fille ! Je te le fais pas dire. Ah ! non, c'est plus supportable, cette suffisance, ce mépris, ce petit ton supérieur ! Non, mais qu'est-ce que tu te crois ! Quand on pense à ce que je suis et à ce que t'es !

– À quoi tu fais allusion ? À la loge de ma mère ? Lady Chatterley s'envoie en l'air avec le fils de la concierge ? C'est une aristocrate, vous savez, la grande-duchesse Lolotte. Très vieille, très bonne famille. Le gratin. Le Gotha. Son père était chef de rayon aux Galeries Lafayette, alors vous pensez ! Chez elle on bouffait pas sur de la toile cirée. Ah non ! Jamais. Sur des nappes. En papier. Et bien éduquée. C'est pas comme chez moi. Mémé, pépé, connaît pas. C'est Grany, c'est Papy, c'est le chic anglais !

– C'est bientôt fini, oui ? Je pensais pas du tout à ça, figure-toi. Et même si j'y avais pensé, sachant à quel point ça t'atteint, jamais j'aurais osé...

– Tu te serais gênée ! Alors ton immensité et ma petitesse, c'est rapport à quoi ? À la feuille de paie ? À l'adresse ? À la situation familiale ? professionnelle ?

– Oui, exactement.

– Ah, mais alors là, oui, t'as raison. Une dactylo, pardon, une secrétaire, pardon, une assistante de la rédaction, c'est que c'est quelqu'un ça, vous savez. Ça sert le café, ça dit : quittez pas. Ou même parfois : il est en réunion. Ça tape le courrier et ça fait une faute d'orthographe tous les trois mots. Ça réserve des tables au restaurant. Ça croule sous les responsabilités. C'est le top niveau de la réussite sociale. On peut pas monter plus haut. Arrivé là, on s'arrête. Faut surtout pas se retourner et regarder en bas, ça donne le tournis, hein ?

– Et un publicitaire sur le retour menacé de...

– Attention, Lolotte, tu risques de toucher l'os. Ça peut faire des dégâts, des très gros dégâts, tu vois.

– Ça veux dire quoi, ça ?

Il va le lui dire ce que ça veut dire. Et elle va lui rétorquer et il va lui répliquer et elle va lui hurler et il va lui gueuler et elle va lui brailler et ils vont s'insulter, s'injurier, en venir aux mains et finir aux bras l'un de l'autre, enlacés, excités, fouettés, électrisés par cet orage, ces fracas, ces grondements, ces éclairs d'amour-haine. Bref, ils vont s'envoyer en l'air et ça va être du tonnerre.

Et trois semaines après, au vestiaire de leur salle de gym, Roger et JJ se retrouvent sous la douche.

— Alors JJ, ça va, toi, ça baigne ?

— Ben, oui, enfin... Non, justement je me fais un sang d'encre. Je crois que ce coup-là, j'y suis.

— Qu'est-ce que tu veux dire ?

— Ben ça, quoi : j'y suis, je suis pris.

— Pris où ? T'as trouvé un autre boulot ?

— Quel autre boulot ? Mais non, tu comprends pas le français ? Je suis pris.

— Comment ça ?

— Ben, je vais avoir un gosse.

— Pas vrai ! T'es enceinte ?

— Oui, enfin, non. Lolotte. Mais c'est pareil. C'est insensé, non ? Je peux pas arriver à croire à une catastrophe pareille.

— Tu te trompes peut-être.

— Ça m'étonnerait. Ça fait trente-cinq jours que j'ai rien vu. C'était pour le 20. Alors, tu vois...

— D'abord comment tu le sais ?

— Je me méfiais. Ça s'est passé un soir de grande tempête passionnelle. Je sais pas ce qui nous a pris. Un vent de panique, une tourmente tourmentée. Enfin, bref... Depuis, j'ai surveillé, j'ai calculé, j'ai vérifié.

— Tu lui en as parlé ?

— Non, j'ose pas. Je sais pas comment elle le prendrait.

— Elle serait ravie, tu penses ! Elle attend que ça. Elle arrête pas d'en parler. C'est sa dernière marotte.

— Oui, bon, d'accord, mais c'est pas ça. Comment elle le prendrait pour moi ?

— Très bien, tu parles ! Avoir un gosse de toi, c'est quand même ce qu'il y a de plus simple, de plus normal, de plus évident...

— Mais tu comprends rien, ou quoi ? Il n'en est pas question.

– Ah ! ça, non, je comprends rien, c'est vrai. Tu viens de me dire que t'allais en avoir un, alors ?

– Pas moi. Elle.

– Putain ! Tu m'as dit que c'était pareil.

– Oh ! ce que t'es lourd, c'est pas possible. Nous allons en avoir un, mais moi j'en veux pas. Alors je me demande ce que ça va faire : nous moins moi.

– Ah ! d'accord ! Vous moins toi ! Et ben, vous moins toi égale gros problème. Ça va faire une de ces merdes ! Tu pouvais pas faire attention, non ? Surtout toi avec tes manies de propreté, tes capotes et tes bidets. Tu veux mon opinion ?

– Non, garde-la.

– Si, j'insiste, je tiens absolument à te la donner.

– Non, sans façon.

– Allez, fais pas ta mijaurée. En fait, c'est un acte manqué. Tu en désirais un sans bien t'en rendre compte, c'est une façon de... Et dans ton subconscient...

– Ça va, Roger, épargne-moi ta psychologie de bazar.

– Bon, bon, OK. De toute façon, ce qui compte maintenant, c'est pas la cause, c'est l'effet et là... Je te vois mal parti. Tu vas jamais pouvoir t'en tirer.

– Oh ! je t'en prie ! Épargne-moi. Dans mon état...

– Excuse-moi, ma poule ! T'as des nausées le matin au réveil, c'est ça ?

– Très drôle !

– Oui, très. Tu te verrais ! Alors quoi, dans ton état...

– Mon état de retraité.

– D'abord, c'est pas la retraite, c'est la préretraite. Ensuite...

– Pourquoi tu dis ça ? Tu sais quelque chose ?

– Moi, j'ai rien dit. C'est toi !

– Moi, j'ai dit ça comme ça. Mais à la façon

dont tu réagis, c'est évident que Bouzy t'a parlé de moi et que...

– Non, mais qu'est-ce que c'est que cet enfoiré ! T'as fini de me foutre des pièges sous les pieds ? Et le coup du môme, c'était un test ça aussi ? Les hommes et l'andropause. Vous pensez que vous attendez un enfant.

I. Vous en parlez immédiatement à votre femme.

II. Vous sondez vos amis pour savoir ce qu'ils penseraient de cette paternité tardive.

III. Vous prenez rendez-vous chez un gynéco pour une consultation en demandant si c'est remboursé par la Sécurité sociale.

IV. Vous achetez la layette et le landau avant même d'avoir les résultats du test de grossesse.

Cochez la bonne réponse. Solution page 129.

J'ai vraiment pas eu de veine, moi. Rousse à l'école, juive sous l'Occupation, femme dans une boîte d'hommes à mes débuts au journal... Et puis, là, maintenant, pour tout arranger, je vieillis et ça, voyez, c'est une sale maladie. Incurable. Il n'y a pas de cas de survie. Sournoise, fatale : elle évolue lentement et elle amoche. Pas tellement à nos propres yeux d'ailleurs. Quand on se regarde dans la glace, on tombe pas à la renverse, les bras en croix, horrifié, dégoûté par ce qu'on voit. C'est dans le regard des autres que ça s'inscrit, un vrai compteur, troisième, quatrième âge, le stade de ce cancer terminal, le cancer de la vie. Ça fout la trouille, forcément, on l'a tous, on le chope en naissant. Ça fait horreur, ça fait peur. Regarder un vieux, c'est regarder la fin du bouquin pour voir comment elle finit l'histoire, votre histoire. Elle finit mal. On préfère pas le savoir.

Pourquoi je vous parle de ça aujourd'hui ? Parce que Lolotte sait pas quoi faire de Papy en juillet,

la Bretagne c'est pour le mois d'août. Franchement, moi non plus. J'avais pensé à une maison
de retraite. Je me suis renseignée. Les bonnes
sont prises d'assaut. Il y a des listes d'attente.
L'attente d'une mort. Les autres, on les voit à la
télé, ça a l'air épouvantable. J'ose pas vous y
emmener. Pourtant il y a pire.

J'ai une vieille copine, veuve, deux enfants. Ils
se la partagent. Ils pratiquent la garde alternée.
Ils se la refilent tous les trois mois et, au moment
des vacances, ils la déposent à l'hospice et ils la
reprennent quand ils y pensent. Hier, je l'appelle,
je lui demande :

— C'est vraiment aussi atroce qu'on le dit à
l'hospice ? Parce que j'ai mon personnage, là, ce
vieux Papy...

— Ouais, c'est pas terrible. Mais au moins tu
es sûre de bouffer deux fois par jour.

— Comment, ils te donnent pas à manger, tes
gosses ?

— Le soir, oui, quand ils sont là, ils me laissent
finir les plats. Mais le midi, comme ils travail-
lent... Et puis à l'hospice, il y a souvent une
télé. En noir et blanc d'accord, mais c'est une
télé et t'as le droit de la regarder. Alors que
chez Sylvaine, non. Elle a un jules. Il ne peut
pas me supporter. Il trouve que je fais sale, que
je fais désordre. Alors dès qu'il rentre, elle me
range.

— Bon, mais chez Jean-Pierre, c'est pas pareil,
c'est ton fils quand même...

— Non, c'est pas pareil, c'est pire. Il se fout en
rogne pour un rien et comme il ose pas taper sur
son gamin, un malabar – à seize ans, il fait déjà
un mètre quatre-vingts –, c'est sur moi que ça
retombe.

— Il te bat ?

— Il se gênerait ! Depuis qu'il a lu dans un
magazine américain que c'est un phénomène de
société, les vieux parents martyrisés par leurs

enfants, battus, affamés, torturés, il ne sait plus quoi inventer pour...

— Et les voisins ? Ils n'interviennent pas ? Ils pourraient alerter l'assistante sociale.

— Résultat ? On leur retire la garde et on te place, on te met à l'hospice.

— Tu viens de me dire que tu préférais.

— Ouais, sauf sur un point : les photos pornos. Là, t'as pas le droit. Tandis que mon petit-fils est très chic pour ça. Il m'en prête. J'aime bien. Ça me rappelle le bon temps.

— Oui, bon, mais ça, les photos pornos, mon Papy, c'est pas...

— Justement. Non, le mets pas à l'hospice. Tu vas t'emmerder avec ça. Ton lecteur aussi. Arrivé là, il va se tirer vite fait.

— Bon, mais alors qu'est-ce que je fais ?

— Simple. Ta Lolotte, elle attend un bébé. Le bébé attend une baby-sitter. La baby-sitter, en attendant, fait papy-sitter. Vu ?

C'est cette semaine-là que Paul-Jean de Montségur, un jeune romancier assez connu, assez lancé, s'est tué, en pleine nuit : un accident de voiture. Rien à la radio le matin au réveil. Et à peine arrivée, Coco entend sonner dans son bureau. C'est la rédaction en chef. La nouvelle vient de tomber, sèche, sur le fil de l'AFP. On a la nécro ? Non ? Il en faut une, deux tiers de colonne, là, maintenant, tout de suite. À elle de se débrouiller, de trouver quelqu'un pour l'enterrer, ce type.

Manque de pot : Madame est à la foire du Livre à Bologne. Ça répond pas dans sa chambre d'hôtel et les autres mecs du service, Coco n'arrive pas à les joindre.

Coup de pot : Et si c'était la chance de sa vie ? Elle va la leur torcher, elle, cette nécrologie. Ils vont en rester baba. Et, ce serait pas la première fois, de secrétaire elle va pouvoir passer rédactrice.

Elle file à la doc. Introuvable, naturellement, le dossier Montségur. Un connard qui n'est même pas du littéraire l'a pris et ne l'a pas rapporté. Elle fonce, les yeux hors de la tête, chez Lolotte pour lui demander de l'aider. À qui d'autre s'adresser ? Elle ne va pas vendre la mèche en allant quémander des tuyaux, à droite, à gauche, dans les bureaux.

Ravie, Lolotte ! Elle le connaît très bien, Montségur, elle a vu un truc sur lui dans *Paris Match*.

— D'abord c'est pas son vrai nom. Il s'appelait Jean-Paul Pichon. Ensuite, il a eu une histoire avec cette chanteuse... Comment déjà... Tu sais... Elle a été cinquième au hit-parade...

— Oui, mais, bon, ça je peux pas le mettre. J'écris pas pour *Ici Paris*. T'as pas autre chose d'un peu concret sans être indiscret ? Faut que ce soit vivant, une nécro.

— Si, je crois qu'il allait souvent bouffer à la Coupole.

— Non, ça c'est pas lui. Tu confonds avec Jean-Paul Sartre. Allez, Lolotte, secoue-toi un peu ! Si tu sais rien, dis-le tout de suite.

— Écoute, t'énerve pas comme ça ! Attends une seconde, je vais passer un coup de fil à la Miche. Elle l'a peut-être vu à « Apostrophes ». Elle adore. Elle regarde souvent.

— Bon, ben grouille, moi je retourne à ma machine, je vais démarrer le papier.

À peine l'a-t-elle terminé qu'on la sonne. C'est sa collègue de la rédac'-chef : Pour la nécro, rassure-toi, ça y est, on l'a ! Painbagnat vient de la dicter aux sténos. Contente ?

Furieuse ! À juste titre. Il était super, son billet. Bien meilleur que celui du plumitif de service. Elle l'a fait photocopier. Et Lolotte l'a envoyé à la Miche avec la coupure de l'article publié et ce mot : T'as qu'à comparer. Tu vois la différence ! Toutes les copines l'ont scotché au mur de leur bureau. C'est déjà ça, mais faut voir plus grand. Punaise-le dans l'entrée de ton immeuble, la Miche. Et demande à Roger de le faire circuler dans sa boîte.

Allez ! Assez barguigné. Il doit le savoir, maintenant, JJ, qu'il est viré. Enfin, viré, non c'est pas ça. C'est même tout le contraire. Il est invité à faire jouer ses droits à un repos bien gagné. À cinquante-six ans, on peut pas dire qu'il se soit crevé au boulot, ça non, surtout là, dans un bureau. Encore s'il avait fait ouvrier métallurgiste dans un haut fourneau, je dis pas. Mais bon, c'est son droit. Il pourrait le refuser, bien sûr, et courir la chance de retrouver du boulot. Il aurait fallu courir vite et loin, parce que la chance, à son âge, elle est mince, si mince qu'il ne la voit pas. Il préfère céder aux exhortations de son patron : Faites-moi confiance, vous ne le regretterez pas. Vous viendrez me remercier, vous verrez, et c'est moi qui vous envierai.

Et curieusement, à force de redouter, de prévoir ce moment, à force d'imaginer la façon de négocier ce grand tournant, quand il lui arrive dessus, il est comme assommé. Tiens, à propos, faut que je vous raconte un truc. L'autre jour j'ai fait partie d'un jury. La finale d'un concours de danse ouvert aux personnes âgées à travers toute la France. Vingt-deux couples déchaînés. Et ça guinchait, ça tournoyait, ça virevoltait... le tango, la valse, la java... Les mecs, à peine un peu tapés. Les nanas, sublimes, minces, légères, des minettes. Je tire l'organisateur par la manche et je lui demande : Dis donc, ils ont quel âge, ces vieux ? Alors, lui : À partir de cinquante ans.

Hé là, ho ! La vieillesse ça commence à cinquante ans, maintenant ? Ça par exemple ! Moi, ça va faire bientôt dix ans que je suis une personne âgée et je le savais même pas. Remarquez, c'est pas la première fois que ça m'arrive un coup pareil. C'est la deuxième. J'avais sept-huit ans, c'était juste avant l'Occupation. Avec mes petits copains à l'école on bouffait déjà du juif à toutes les récrés. On aimait pas. C'était sale, laid, avare, crépu, crochu. Ça sentait mauvais.

Et voilà qu'un beau jour, mon grand-père me gratifie d'une petite mise au point. Il me balance, solennel : Je suis juif, tu es juive et Jésus-Christ était juif. Jésus-Christ, je m'en fous, tant pis pour lui, c'est son problème. Mais moi ! Alors ça ! Quelle cata ! J'ai mis un demi-siècle à m'en remettre. Et maintenant voilà que le ciel me redégringole sur la tête. Non seulement je suis juive, je suis vieille. Moche, non ?

Alors moi, je vais vous dire. Ma juiverie, je l'ai assumée, bien obligé, à l'époque, vous savez... Mais ma vieillesse, je la refuse. Rien à faire. Comment faire ? Se battre contre. Contre le vieillissement, faire de la gym, se faire tirer la peau, se faire teindre en blonde, essayer que ça se voie pas trop. Et se battre pour. Pour les vieux, contre les racistes anti-vieux. On les appelle des « âgistes » comme on dit des « sexistes ».

Non, mais c'est vrai ! On n'est plus des moutons qu'on mène au crématoire. On est des panthères, pas des panthères noires, des panthères grises. Et on prend exemple sur les panthères américaines qui ont obtenu l'abolition de l'âge obligatoire de la retraite. Il y en a marre des mesures anti-vieux. Déjà le train, le cinéma, sous prétexte qu'on le paie moins cher, on n'y a plus accès qu'à certaines heures, certains jours, certaines dates. Bientôt on nous interdira l'entrée des cafés et du métro aux heures de pointe. Et vous savez comment ça finira ? Pour coincer les vieux qui essaient de se défiler, de paraître moins que leur âge, on nous obligera à porter l'étoile. L'étoile vermeille.

Moi, d'entendre JJ se dire que, bon, il va pouvoir faire ce qu'il a toujours rêvé de faire :

de l'anglais, de la peinture, du golf, s'initier à l'informatique, ça me serre le cœur. Pour quoi faire ? Pour faire. Ne rien faire c'est faire le lit de tous les cafards, de tous les bobos, de toutes les maladies. On vide ses tiroirs ou son vestiaire le samedi et le lundi, c'est la débandade. On n'est plus rien. On n'a plus rien. Même pas envie de retourner sur son lieu de travail, comme promis, lors du dernier pot, le pot des adieux aux copains. Pour leur dire quoi ? On n'a pas eu le temps de se retourner, de se détourner, que le train-train de la boîte est passé. On n'a plus qu'à agiter son mouchoir. Et tournent, tournent les pages de la vie. On doit quand même bien y figurer quelque part, non ? Ah ! oui, là, tenez, en marge. La marge bénéficiaire d'une entreprise qui a su dégraisser.

— Dis donc, Papy, t'es au courant ?
— De quoi, mon petit ?
— Pour toi. Juillet en Bretagne. Avec une papy-sitter.
— Qu'est-ce que tu dis ? Je ne comprends pas. Si tu voulais te donner la peine d'articuler, je pourrais saisir le sens de tes propos. Là, ça m'échappe complètement. Tu veux m'offrir un setter, c'est ça ?
— Qu'est-ce que c'est, un setter ?
— Voyons, Patrice ! Un chien. Je les aime bien, c'est vrai, mais à mon âge... Remarque, ça m'obligerait à sortir de mon trou et à...
— Ça, question trou, t'en sors pas, tu y vas.
— Je t'en prie, épargne-moi ce genre de plaisanterie.
— Un trou breton. Lolotte t'expédie au bord de la mer le 1er juillet avec une jeune fille au pair.
— Écoute, mon petit, je te l'ai dit, je te le répète, ce genre de blague me paraît parfaitement déplacé, je ne t'autorise pas à...

– Mais c'est pas une blague. Je préférerais, remarque. Je trouve ça complètement nul, ce plan Bretagne, mais au point où on en est, baby-sitter ou papy-sitter...

– De quoi parles-tu ? Tu m'agaces à la fin !

– Bon, je vais t'expliquer. Ta fille va avoir un enfant.

– Pour quoi faire ? elle en a déjà un.

– Oui, mais il est vieux, celui-là, elle l'a depuis près de vingt ans. Il est usagé, il s'est élargi. Il prend trop de place. Il a des poils, il a de la barbe. Il répond. Il parle mal. Elle en veut un autre, un petit, un neuf, un dodu, un qui bave, qui braille, qui chie partout et qu'on nettoie en le léchant avec sa langue tellement que c'est à croquer, ça, madame...

– Tu parles sérieusement ? Lolotte va avoir... Mais c'est impossible !

– Si, c'est possible. La preuve. Il est programmé pour mars.

– Mais, Patrice, ce n'est pas sérieux. Je ne peux pas, moi. C'est hors de question. Enfin, voyons, je suis tout seul à présent. Elle sait très bien que sa mère n'est plus là pour...

– Ah ! ça, oui, elle le sait. Je lui ai assez répété. Elle dit qu'elle se débrouillera.

– Elle nous avait déjà dit ça pour toi. Tu as vu le résultat. Est-ce que tu te rends compte ? Qu'est-ce qu'il va devenir, ce petit ? Il faut absolument l'arrêter en route. On ne peut pas le laisser débarquer ici, comme ça, nu et cru, sans personne pour s'en occuper.

– L'arrêter, c'est trop tard.

– Bon, eh bien il faudra le donner alors. À la naissance. Sans prendre le temps de le sevrer, elle risquerait de s'y attacher. Encore qu'avec toi... Il est vrai que ta grand-mère avait littéralement fait main basse sur cet enfant. Jalouse. Possessive. Une louve. Elle grondait, elle montrait les dents chaque fois que la petite osait s'approcher de ton berceau.

— Oui, bon, je sais. Alors, tu vois, maintenant, Lolotte va enfin pouvoir jouer à la maman, sans qu'on lui pique sa poupée. En attendant, elle cherche une jeune fille pour l'aider.

— Ça me paraît un peu prématuré, non ? D'ici le printemps prochain, elle a bien le temps de se retourner.

— Ben, c'est-à-dire que non, pas tellement. Il va y avoir les vacances et...

— Où est-ce que vous allez, vous, en vacances ?

— Moi, je vais dans le Midi avec des copains, mais Lolotte pensait t'emmener chez une copine en Bretagne. En fait, comme elle ne peut prendre que le mois d'août, l'idée c'était que tu y ailles avant.

— Qu'est-ce que c'est encore que cette histoire à dormir debout ? Pourquoi veux-tu que j'aille dans une maison que je ne connais pas, seul...

— Ben justement, non, pas seul.

— Avec qui ?

— Avec la jeune fille.

— C'est bientôt fini, oui, ces plaisanteries douteuses ? Allez, sors d'ici. En voilà assez. Je ne demande rien à personne. Le moins que je puisse exiger c'est qu'on ne vienne pas m'insulter chez moi. Dehors, je te dis.

Il est colère, là, Patrice, vraiment furax. Le voilà coupé de son grand-père. Lolotte aussi. La faute à qui ? À moi, figurez-vous, oui, moi, l'auteur. Je ne leur fais faire que des conneries à mes personnages. Je suis incapable de prévoir l'effet catastrophique que, évidemment, la papy-sitter aura boulevard Malesherbes. Je ne suis même pas foutue d'avoir une idée à moi. Faut toujours que je demande conseil à mes copines, à cette vieille folle qu'on rentre et qu'on sort de l'hospice pour la cacher dans un placard à balais avec ses photos pornos quand il y a du monde.

Non, mais qu'est-ce qu'elle se croit, cette nana

– la nana, c'est moi –, qu'est-ce qu'elle s'imagine ? Que lui, Patrice, va se laisser manipuler comme ça ? Il m'a fait tout un cinéma. Je l'ai envoyé promener, vous pensez bien, je lui ai même conseillé d'y retourner au cinéma et de revoir *La Rose pourpre du Caire*. C'est là qu'il l'a piquée, l'idée de m'emmerder, de me menacer de sortir de mon roman. Une idée géniale, seulement elle n'est pas de lui. Il n'est pas Pirandello. Pas même Woody Allen.

Pirandello, il n'en a rien à cirer, il ne sait même pas qui c'est. Et Woody Allen, parlons-en ! Voilà un type, oui, qui a des choses à dire et qui les dit merveilleusement. Comment est-ce qu'on peut avoir le culot, devant un pareil génie, de s'asseoir tranquillement derrière sa machine à écrire et de taper n'importe quoi, n'importe comment, en le mettant, lui, Patrice, dans des situations intenables ? Comment je vais le sortir de là, maintenant, hein ?

Je ne me suis pas laissé faire. Je l'ai engueulé, je lui ai dit qu'il aurait pu se montrer un peu moins diplopotame… Un peu moins quoi ? Diplopotame. Néologisme formé à partir de « diplomate » et de « hippopotame ». Désigne quelqu'un qui manque de doigté et de finesse dans le dialogue.

Qu'est-ce que je n'avais pas dit là ! Il m'a sauté à la figure. Ils sont nuls, vos dialogues, ma pauvre dame, plats comme un trottoir, écrits avec un fer à repasser. Ils vont quand même pas publier ça ! C'est complètement débile.

Ça, ça m'a fait un coup. Vous me connaissez, je m'angoisse pour un rien. Prise de panique – et s'il avait raison, ce petit con ! –, je saute sur mon téléphone et j'appelle… Qui ? Ben… une copine, mon amie Françoise, Françoise Verny. Et je me mets à pleurnicher :

– Patrice fait que de m'embêter. Il me débine, il ricane, il m'insulte. Il est en crise.

– Qui ça, Patrice ? Un de tes fils ?

– Mais non, le fils de Lolotte, un de mes personnages.

– Pourquoi il ramène sa fraise, celui-là ? On ne lui a rien demandé. Qu'est-ce qui lui prend ?

– Ben, le coup de la papy-sitter, son grand-père l'a très mal pris.

– Et alors ? On savait que ça se passerait pas bien. C'était prévu, non ?

– Oui… Enfin, non… Pas à ce point-là.

– T'as qu'à rectifier le tir. Cette scène, y a qu'à la reprendre, la changer, obliger le petit à amadouer le vieux et…

– Ça, pas question ! Je l'ai déjà récrite vingt-cinq fois. J'ai jeté je ne sais pas combien de brouillons. Et de toute façon, Patrice, il n'y a plus rien à en tirer. Faut lui laisser le temps de se calmer.

– Essaie avec Lolotte. Elle pourrait emmener son père faire des courses, acheter une paire de chaussures et…

– Enfin, Françoise, ça va pas la tête ? Elle l'a déjà fait. Tu l'as pas lue, la scène des godasses, alors ? Non, mais c'est pas vrai ! Tu t'en fous de ce que j'écris. T'as qu'à dire tout de suite que c'est nul et prendre parti pour Patrice.

– Pourquoi ? Il dit que c'est nul, ton personnage ?

– Mais oui, c'est bien pour ça que je t'appelle. Il m'a complètement démoralisée. Il trouve que c'est de la crotte, ce truc, que…

– Il a quel âge, déjà ?

– Il va avoir vingt ans.

– Et il est où ? À Sciences-Po ? Oui, en effet, c'est embêtant. C'est quand même un premier regard sur ton manuscrit. Un regard lucide, exigeant, de jeune intellectuel. Si t'as pas cette clientèle, alors…

– Alors, quoi ?

– Ben…

– Ben... quoi ? Dis-le !

– Qu'est-ce que tu veux que je te dise ? Qu'il a tort ? Je te le dirai pas. Le public a toujours raison.

– Qu'est-ce que tu racontes ? Il achète souvent de la merde, le public, il...

– Espérons que ce sera le cas !

Vous avez vu cette peau de vache ! Le regard, lucide, intelligent de ce petit mec de rien du tout. Personne ne m'obligeait à lui donner la parole. Surtout pour me faire insulter. Mais ça, c'est mon côté maso. Je vais réagir vite fait. Tant pis pour lui. Je le supprime. Bye-bye, Patrice. Tu voulais aller dans le Midi avec des copains ? Vas-y, mon grand. Tu rêvais d'une moto ? Je te la donne. Et tu sais ce qui va arriver ? Tu vas aller t'éclater, façon Coluche, contre le premier camion venu.

Je dis ça, mais rien que d'y penser, j'en ai la chair de poule. Et ça me fiche en boule. Moi, ça fait des années que je ne conduis pas. J'ai peur. Peur pour moi. Peur pour les miens. Peur pour les autres. Peur des autres. Quand je les vois rouler à tout berzingue sur des départementales en hurlant, à coups d'avertisseur, aux fesses des braves cyclistes du dimanche. Quand, assise à la place du mort, je me cache la figure dans les mains pour ne pas les voir doubler à droite à cent quatre-vingts à l'heure sur les autoroutes, recouper à gauche et s'envoler en ponctuant leur victoire d'un bras d'honneur, la rage me prend.

Putain de tueuse, cette route. Ça, pour tuer, elle tue, la garce. Plus de dix mille cercueils par an. Sans compter les fauteuils roulants. Ceux-là, on n'en parle pas. C'est rien. Rien qu'un chiffre colossal : cent quatre-vingt mille blessés qu'on se ramasse du 1er janvier au 31 décembre sous nos platanes. Elles sont belles, hein, nos récoltes, en France... Là, on est vraiment champions. On bat tous les records. Enfoncés, les États-Unis, la Grande-Bretagne, la RFA et le Japon, pauvres minables qui n'ont pas le courage d'aller se caramboler, s'éclater, se pulvériser pendant les weekends et les jours fériés. Avec une prédilection pour le jour des Morts. Là, c'est la fiesta !

C'est marrant, avouez, on est là, pétant de trouille à l'idée de se faire trucider, dans l'ascenseur, à un coin de rue ou dans son lit. Et pourtant, c'est quatre fois moins risqué. Des meurtres, des crimes de sang il n'y en a jamais que deux mille par an, calculez. N'empêche, c'est pas supportable. Là, on la réclame, la sécurité, on brame après. En ville.

Dès qu'on la quitte, la ville, la sécurité, on n'y pense plus, ou plutôt si, on râle après. Ils nous cassent les pieds avec leurs histoires de ceinture, d'alcootest et de limitation de vitesse. C'est bon pour les ploucs. Ça réduit le nombre d'accidents ? Et alors ? Qu'est-ce que ça peut nous foutre ? Si on n'a même plus le droit de boire un bon coup avant de prendre le volant, le coup de l'étrier, quoi, autant nous couper les couilles. On n'est plus des hommes, des vrais, les dignes descendants de ceux qui trinquaient : à nos chevaux, à nos femmes et à ceux qui les montent !

Je sais, je vous embête, je vous assomme avec mes statistiques qui bouchonnent sur la route de vos vacances. OK, d'accord, j'arrête. Parlons d'autre chose. Vous avez déjà volé, vous, dans les grands magasins ? Vous vous récriez, vous vous offusquez : Nous ? Ah ! ça, non, jamais ! Tu parles ! Tout le monde le fait. Tiens, l'autre jour encore, la Miche et Lolotte aux Galeries Lafayette.

Ah ! Il faut que je vous dise, ça ne va pas, la Miche, en ce moment. Elle est mal dans sa peau. Elle s'emmerde, elle cafarde, elle tourne en rond, elle bute aux quatre coins de l'appart sur des piles de jalousies à repasser à petits plis, sur des marmites de doutes à touiller, à faire réchauffer au bain-marie de sa rancune, sur son reflet vieilli, moche, à effacer sur la glace de la salle d'eau et sur celle de la salle à manger.

Elle devient folle dans cette baraque, c'est plus possible, allez, faut qu'elle sorte. Elle appelle Lolotte : Je passe te prendre au bureau et on va faire des courses. J'ai besoin d'un tas de trucs. Au bout d'une heure au rayon maillots de bain, articles de plage – il occupe tout un étage – la Miche émerge d'une cabine d'essayage jonchée de hauts, de bas, de bi-, de monokinis, une pièce, deux-pièces avec garde-manger à l'entresol, au bord de la crise de nerfs. Rien. Il n'y a rien. Tout est moche. C'est trop décolleté, ça découvre le genou, il y a pas de manches. Nulle, la collection, cet été.

La vendeuse, les vendeuses se marrent. Dans ces cas-là, elles sont une tapée de vieilles peaux sadiques, ironiques, acariâtres à prendre leur pied devant le défilé de ces mémés en compote, démoralisées par tout ce qui pendouille, tremblote, flageole ou dépasse. Dès qu'elles aperçoivent une tête hébétée, accablée, émerger entre deux rideaux, tchlac, elles matraquent : Alors, ça va pas ? Ça serre, ça boudine, ça écrase ? Va falloir me ramasser tout ça, hein ! Nous, on n'est pas là pour ranger après les clientes.

La Miche les envoie péter in petto : elles sont payées pour quoi, alors, on peut savoir ? Elle le pense, mais elle le dit pas. Ça fait réac, ça fait bourgeois. Et pour tout arranger, Lolotte plane, inconsciente, en état de lévitation. Elle y est enfin ! Enceinte ! De quinze jours-trois semaines, à peine, mais bon... pour de bon ! Alors, un bourrelet de plus ou de moins... Pourquoi ça la met dans des états pareils, la Miche ?

– Quelle importance ? Tu sais à quoi ça ressemble ? À une femme-objet des années soixante. On s'est assez battues pour...

— Pour quoi ? Pour avoir le droit d'être vieilles, laides, négligées, plaquées, désaimées, c'est ça ?

— Oh ! tu vas pas recommencer. Tiens, j'ai lu dans je ne sais plus quoi, *Elle* ou un truc comme ça, qu'il suffisait de changer de tête pour...

— Ah ! je ne pense qu'à ça, figure-toi. Un lifting.

— T'es folle. Ils peuvent te rater. Tu vas te retrouver avec la bouche de travers.

— Mais non, tout le monde le fait.

— Qui ?

— Je sais pas, je connais personne. Mais on le voit bien à la télé : Sophia Loren, Guy Lux, Dalida, tout ça.

— Ouais, bon, peut-être, mais moi, c'est pas ça du tout. C'est une perruque.

— Ah ! non, ça pas question. Il n'y a que les femmes qui ont le cancer qui portent ça. C'est dégoûtant.

— Tu dis n'importe quoi ! Allez, viens, moi j'ai envie de voir comment je serais en blonde, lisse, tu sais le genre Veronica Lake. Ce serait peut-être plus joli, plus jeune, plus seyant avec un bébé... Qu'est-ce que tu crois ?

— Ah, c'est pas possible ! Arrête de parler de ça parce qu'on ne tiendra pas le coup encore huit mois et huit jours. On va craquer. Pitié.

— Allez, sois pas jalouse. C'est très vilain. Tiens, essaie celle-ci. Montre ! Non, ça te va pas. Tu ressembles à... À rien. Attends, et moi, là ? Qu'est-ce que tu penses ?

— Je comprends pas, Lolotte, c'est destiné à tromper qui, ça ? Roger ? JJ ? Ils le verront bien qu'on porte une perruque.

— Mais, non, tu te trompes complètement, si elle te ressemble assez, ce sera comme un lifting réussi, ils te diront : Tiens, t'as bonne mine. C'est tout.

– Oui, mais enfin, il suffit qu'ils y mettent la main pour que...

– Ah ! Parce que Roger te caresse encore souvent les cheveux : Ah ! mon amour, cette eau vive, cette soie autour de mes doigts tremblants de désir, quelle volupté, quelle ivresse... ! Moi, je vais te dire, de ce côté-là, depuis la nuit qui a suivi le dîner chez toi...

– La nuit feu d'artifice ?

– Voilà. Ben, depuis, JJ m'a fait fiasco sur fiasco. Et là, maintenant, il essaie même plus. Il a pris prétexte de ma grossesse pour remballer ses outils et fermer boutique. Clôture annuelle. On sait pas quand ça rouvre. Tiens, regarde celle-là, avec la frange, elle est marrante. Madame, s'il vous plaît, ça vaut combien ça... Oh ! je vous demande pardon !

Vous avez remarqué l'air surpris, vexé des gens qu'on prend pour des vendeurs dans les magasins. Ça arrive souvent forcément. Vous voyez trois ou quatre personnes en train de faire le pied de grue, immobiles, sages, tranquilles dans un rayon. Vous pensez qu'elles attendent l'acheteur. Pas du tout. Elles attendent le vendeur. Interminablement. À se demander à quoi elles passent leur temps, les vendeuses. Probablement à regarder le film d'épouvante programmé de neuf à dix-huit heures au cinéma La Plage. Ou alors à chiper des trucs dans les autres rayons. C'est ce qu'elle a fait Lolotte. Elle a poireauté, poireauté. Et puis, bon, c'est marre ! Sa perruque, elle l'a mise sur la tête et elle est partie avec. La Miche tirait sur sa laisse : C'est pas bien... T'as pas le droit... Tu te rends compte de ce que ça représente ?

Oui, très bien. Près de deux cent mille vols par jour. Un convoi ininterrompu de semi-remorques qui bloquerait l'autoroute Paris-Nice dans les deux sens. Bon, OK, d'accord, vous êtes au courant. Mais ce que vous ne savez peut-être pas c'est que j'ai raconté tout ça dans une de mes chroniques. À commencer par le coup de la perruque. Ça m'est arrivé aussi.

Et j'ai expliqué comment il fallait s'y prendre pour embarquer la marchandise. Passons sur le rouge à lèvres et la cassette fourrés dans un sac à main. On a trouvé beaucoup mieux : un gigot bien au chaud dans le slip d'une dame dont l'énorme arrière-train a fini par attirer l'œil d'un vigile concupiscent. Idéale pour ce genre de shopping, la tenue de jogging. Ça vaut tous les sacs à provisions. Et le fauteuil roulant. Difficile de demander à un infirme de se lever pour voir si, par hasard, il ne serait pas assis sur une télé ou une chaîne hi-fi.

Attendez, c'est pas fini. Les chapardeurs ont leur jour. Le mercredi, les gamins dévalisent le rayon confiserie. Le samedi, c'est la foule des bricoleurs du dimanche qui fauchent tournevis, clés à molette et scies mécaniques. Le lundi, c'est les petits commerçants. Ils viennent se rembourser de tout ce que leur ont barboté les grandes surfaces. Remarquez, elles font avec, les grandes surfaces. Elles augmentent leurs prix en conséquence. Et croyez-moi, elles s'y retrouvent.

Qu'est-ce que je n'avais pas dit là ! J'ai reçu une grêle de lettres indignées. Comment est-ce qu'on pouvait écrire des choses pareilles ? C'est insensé ! Et le sens civique, et la morale, et les dix commandements, et tout le saint-frusquin, j'en faisais quoi, je m'asseyais dessus ? Non, je me le mettais derrière les oreilles et sous les bras. C'est pas une blague. Dans ce courrier il y avait un paquet : un flacon de parfum, une carte de réduction et un mot adorable du P-DG des Galeries Fourfouillette : merci d'avoir parlé de nous, c'est vraiment très gentil ! Ça vous la coupe, hein !

– Ha ! Ho ! Ha ! Oh ! Coco ! Ça y est ! Ça y est ! Je l'ai senti, il bouge !

— Ah ! non, c'est pas vrai ! Regardez-moi cette folle ! Enfin, Lolotte, reviens sur terre, tu veux ? Tu sais combien il mesure là, ton fœtus ?

— Tu peux pas dire « bébé », non ? Fœtus, c'est horrible.

— Ah ! ça, d'accord, c'est pas beau, mais c'est ce que c'est et ça mesure tout de suite un centimètre et demi. Alors, je t'en prie, arrête ton cinéma... Et cesse de bouffer comme ça, c'est aberrant. Tu vas être belle, l'année prochaine ! Une mémé obèse. Quand t'iras au square en poussant ton landau comme une locomotive, les autres nanas te plaindront : Regarde un peu cette pauvre vieille. Elle est vache quand même, sa fille, elle pourrait mettre son môme à la crèche au lieu d'obliger sa mère à...

— Tu m'emmerdes, Maurice ! Encore un cheeseburger. Un gros. Et rabiote pas sur le fromage. Tiens, à propos ! Tu sais la grosse de Roger ? Elle est maigre.

— Quoi !

— Je te jure. Un cure-dents. JJ l'a vue. Roger lui a présentée. Ils sortaient tous les deux de la gym, l'autre jour, elle était là, elle attendait dans la rue, un cent de clous, paraît.

— Ce que c'est drôle ! Pauvre Miche, si elle se doutait !

— Mais elle s'en doute. Elle ne pense qu'à ça. Elle en bouffe à tous les repas, elle en dort pas, elle en parle sans arrêt.

— De la grosse, oui. Quand elle saura qu'elle est mince en plus ! D'ailleurs, je comprends pas, les jumeaux l'ont vue. Alors, pourquoi ils ont dit à leur mère que c'était un tonneau ?

— Pour lui faire plaisir, tiens ! Pour amortir le coup.

— Ils sont mimi, dis donc. On croirait pas, hein, à les voir, comme ça... Ah, merde, c'est pas vrai !

— Qu'est-ce qu'il y a ?

— Regarde là-bas : Madame. Elle me cherche, j'en suis sûre.

— Mais, non, elle parle avec Tardieux.

— Penses-tu ! Je la connais, elle s'est arrêtée à sa table pour lui dire bonjour, mais elle va me tomber dessus dans trois minutes : Coco ! Je vous dérange, Coco ? Hein, Coco ? C'était pour vous demander, Coco... Dites, Coco... Ça vous ennuierait pas, Coco, de faire pisser mon chien quand vous aurez fini de déjeuner ? Il s'ennuie le pauvre, enfermé seul dans mon bureau. Alors c'est oui, Coco ? Hein, Coco ?

— Pourquoi elle l'emmène pas avec elle au resto ?

— Parce qu'ils acceptent pas les clebs. Dommage qu'ici ils laissent entrer les maîtres.

Ils en parlent justement, de la grosse, JJ et Lolotte. Ou plutôt JJ essaie de la vendre à Lotte :

— C'est exactement ce qu'il te faut.

— À moi ? La petite amie de Roger ? Qu'est-ce que tu veux que j'en fasse ?

— Que tu l'emmènes en Bretagne.

— En Bretagne ? Chez la Miche ? Non, mais tu dérailles ! Et d'abord pour quoi faire ? Ah ! j'y suis... S'occuper de Papy, c'est ça ? Ah ! les salauds, les fumiers, ça, c'est encore un de vos coups foireux, un coup monté par Roger. Quelle ordure, ce mec ! Pour essayer de me fourguer un marché pareil, toi tu vas toucher une petite commission, non ? C'est quoi ? Il va te dégoter un boulot au noir, Roger, c'est ça ?

— Qu'est-ce que tu vas chercher ? C'est ridicule. Elle fait ses études d'infirmière, Sarah, elle veut se faire un peu d'argent de poche cet été, elle est d'accord pour faire fille au pair. Moi, j'ai cru te faire...

— Faire, faire, faire, faire... Une ignominie, voilà ce que tu veux me faire faire : installer chez

Micheline, sous son toit, la maîtresse de son mari...

– Oh, écoute, arrête de parler comme dans un roman-photo, tu te crois dans *Nous Deux* ? La maîtresse de son mari... C'est d'un grotesque !

– Pourquoi ? La nana de son mec, ça sonne mieux ? Là, c'est dans le vent, c'est moderne, ça se fait, alors on le fait, c'est ça ? Enfin, JJ, est-ce que tu te rends compte de ce que tu me demandes ?

– Mais je te demande rien, moi. J'apporte une solution à ton problème. OK ? Parce que c'est ton problème : Papy, Bretagne, juillet ? T'arrêtes pas d'emmerder le monde avec tes problèmes : ton ventre, ton père, tes vacances. On essaie tous de t'aider. Ton ventre, je te l'ai rempli. La Miche t'offre sa baraque, Roger...

– Sa pouffiasse.

– Tout de suite les grands mots ! C'est quelqu'un qu'il connaît, qu'il peut recommander. Elle est venue lui faire des piqûres quand il a eu son tour de reins, OK ?

– Qu'est-ce que tu racontes ? C'est moi ! C'est moi qui y suis allée !

– Oui, la dernière fois, mais la fois d'avant, l'été dernier justement, la Miche et les jumeaux étaient en Bretagne, il a eu besoin d'une série de... Et la pharmacie lui a...

– Ah, parce que ça remonte à l'été dernier, cette histoire ?

– Quelle histoire ? C'est toi qui fais des histoires. Ça, pour ça, t'es champion.

– Non, mais je rêve ! Tu voudrais tout de même pas que je me prête à un truc pareil, derrière le dos de la Miche !

– Quoi, derrière son dos ? On va lui dire forcément, OK ?

– Lui dire ? Quoi ? Comment ?

– Très simplement. Qu'on a trouvé une papy-sitter, OK ? qu'elle s'appelle Sarah, OK ? qu'elle est super et qu'on va profiter du premier week-end de juillet pour ouvrir la maison et l'installer là avec ton père, OK ?

– Mais il y a un truc que je comprends pas. Pourquoi Roger la garde pas à Paris en juillet ?

– Ah, parce que c'est ça que tu veux ? Qu'il découche tous les soirs et qu'il se tire tous les week-ends courir des colloques bidons au lieu d'aller gentiment en Bretagne avec sa femme. T'es vraiment la bonne copine, toi ! Pauvre Miche, heureusement qu'elle nous a.

– Mais enfin, elle y sera, elle, en Bretagne, cette pouff, alors ça revient au même.

– Ah ! tu crois ? Tu penses qu'ils seront aussi libres de s'envoyer en l'air à Pleubian qu'à Amsterdam ou à Juan ? Merde, alors, oser reprocher à Roger de sacrifier son bonheur pour rassurer sa femme et dépanner sa copine, c'est quand même insensé. Le pauvre, quand il saura comment tu as réagi à une offre aussi désintéressée, aussi généreuse, il aura une peine affreuse.

– Écoute, j'en sais rien, moi... Je sais plus où j'en suis.

Faudrait peut-être que je vous la présente, Sarah. Ses parents, des gens adorables, vraiment charmants, sont dans le schmattes à Strasbourg. Vous ne savez pas ce que c'est, le schmattes ? Ben, voyons, c'est la fripe, la confection. C'est comme ça que ça se dit en yiddish et c'est comme ça qu'on dit de New York à Tel-Aviv en passant par Paris. Ils l'aiment leur Sarah, ils l'adorent. Ils n'ont qu'un rêve : qu'elle décroche enfin son certificat. Pas un diplôme d'études approfondies de sémantique comparée. Pas non plus une unité de valeur, une UV, d'égyptologie ancienne. Pas du tout. Un certificat de mariage.

Elle a été programmée pour ça, Sarah, pour être une bonne épouse, une bonne mère, une

bonne fille, la joie, la fierté de ses père et mère.
Et de sa grand-mère. Elle a vraiment fait tout ce
qu'elle a pu pour pas les décevoir. Elle a ramé
comme une malade et à tous les coups, elle s'est
plantée. Même l'examen prénuptial, elle a jamais
pu s'y présenter.

Elle a tellement honte de ces échecs successifs
qu'elle ose même plus rentrer chez elle pour la
Pâque ou le Kippour. Elle prétend qu'elle est de
garde à l'hôpital. Alors, sa mère : Un docteur,
voilà, très bien, c'est ça qu'il te faudrait, ma fille.
Pourquoi la nièce de mon amie Sosha elle en a
un et pas toi ?

Vous vous étonnez : elle est pas douée, Sarah,
ou quoi ? C'est pas ça. Elle prend des sujets trop
difficiles. Des mecs trop beaux, trop riches ou
trop paumés, des mecs mariés qui se disent
divorcés ou des mecs divorcés qui se disent mariés,
des mecs couverts de mômes, couverts de nanas,
couverts de dettes, des mecs à la redresse, à la
traîne, à la retraite, des pauvres mecs, quoi !

Là, elle a remis ça avec Roger. Comment ça
marche ? Je vous raconte pas. Vous verrez vous-
même tout à l'heure.

Bon, maintenant, vous, vous la connaissez,
Sarah. Mais Papy ne l'a jamais vue de sa vie.
Comment les faire se rencontrer. Qui pourrait
m'arranger ça ? Et où ? D'habitude, ça se passe
au zoo. C'est là que le papa divorcé, solidement
tenu en laisse par ses lardons, croise tout à fait
par hasard – Vous ici ! Ça, par exemple ! – une
jeune femme qui se caille depuis trois quarts
d'heure devant la fosse aux hippopotames. Vous
connaissez mes filles ? Sophie, Victoria, allons
soyez gentilles, dites bonjour à la dame.

Les gamines, elles ont immédiatement flairé la
rivale, tirent une gueule pas possible. Les garçons,
eux, réservent ce genre d'accueil au collègue de
bureau que leur maman (elle est séparée de papa,

mais attention, ils sont pas divorcés) a invité, un beau soir, à dîner. Vous verrez, il est très chouette, très sympa. Alors, essayez de vous tenir comme il faut et de pas manger avec vos doigts.

Ça se passe mal dans quatre-vingt-dix pour cent des cas.

Pour Papy, la rotonde des singes me paraît tout indiquée. Il y va souvent. Mais seul. Là, il faut que quelqu'un l'accompagne. Je ne vois que Patrice ou Lolotte. Patrice, il n'y a aucune raison, il a passé l'âge. Et de toute façon, bien que pardonné par son grand-père, question jeune fille, il sent encore un peu le brûlé.

Reste Lolotte. Sous quel prétexte ? Aucun. Pas besoin. Elle lui dira : Qu'est-ce que tu fais aujourd'hui ? Tu veux qu'on aille au cinéma ? Il n'aime plus tellement ça, elle le sait. Ça le fatigue. Il s'y endort. Il refusera. Bon, alors, si on allait au zoo de Vincennes, je passe te prendre en voiture en début d'après-midi, OK ? Il pourra pas dire non. C'est une aubaine. Avec le bus, c'est trop loin, trop aventureux, Vincennes. Le métro, terminé, il n'y met plus jamais les pieds, les heures de pointe, les escaliers... Plus question. Alors, le zoo, il n'y a pas été depuis une éternité.

Et naturellement devant les singes, sur qui ils vont tomber ? Sur une grande bringue dégingandée, un peu gavroche, un peu garçon manqué, autant de sex-appeal qu'une planche à repasser : Sarah. Vous ici ! Ou plutôt : Tiens ! Qu'est-ce que tu fais là ?

– Ben, je regarde, leurs gros derrières rouges, ça me fascine, j'adore ça.

– Papa, permets-moi de te présenter une copine...

Copine, non, faut pas exagérer. Une connaissance, sans plus. Quand elles se sont vues pour la première fois, c'était, attendez, que je vous dise pas de bêtise, c'était... ah, oui, sur les

Champs-Élysées, au café du Colisée. Une rencontre organisée par JJ : Roger te l'amène, on prend un verre en fin d'après-midi. Tu l'examines, OK ? et, bon, si elle te donne des boutons, si t'es étouffée par les scrupules ou si ça te fait mal au cœur de rendre service aux amis, pas de problème, tu l'oublies. Roger s'arrange autrement et vous deux, la Miche et toi, vous avez encore trois semaines pour les organiser vos vacances et celles de ton père, OK ?

— Et toi, là-dedans ?

— Franchement, je sais pas, tu sais. Si mon petit copain vient pas, j'ai peur de m'ennuyer tout seul avec deux dames sur le retour et un vieux monsieur. J'aurai personne avec qui jouer et en plus on va tout le temps être après moi pour desservir, faire les courses : Va donc voir si le lait bout, sois gentil, va chercher la canne de Papy, ou elle est dans les toilettes, ou alors il l'a oubliée sur la plage. Pour moi, c'est pas un été comme les autres, tu comprends.

— Non. Pourquoi ?

— Après les vacances, ce sera la vacance. Et la vacance, c'est pas les travaux, c'est le repos forcé. C'est dur, c'est astreignant, c'est tuant. J'ai besoin de beaucoup de calme, de gentillesse, de soins pour m'aider à ne pas trébucher, à ne pas tomber au bord de la route, la fin de la route...

— Hé ! Là ! Ho ! Qu'est-ce que tu fais là ? Tu parles dans un roman ou tu parles comme un roman ? De toute façon, quel rapport avec Sarah ? C'est le genre chien d'aveugle ?

— Un peu oui. Paraît que c'est un mélange de M. Propre et de Mme Pampers. Une tornade blanche. Elle fait reluire les fesses de bébé et briller les sols de la cuisine.

— Ben, elle doit être d'un drôle !

Drôle je dis pas, mais directe, simple, active, concrète, attentive... Une demi-heure après le

coup des singes, c'était dans la poche, le Papy...
Allez, c'est pesé, emballé chez Smith's, la librairie-
salon de thé de la rue de Rivoli. Pour monsieur
ce sera du Darjeeling, avec des scones... Oh !
pardon de commander à votre place, monsieur.
C'est l'habitude de vivre seule, je suis désolée...

Et Papy, ravi de cette occasion de retrouver sa
dignité d'adulte, prend le commandement : Pour
moi un thé au lait, oui, pour mademoiselle un
chocolat et des pâtisseries. Et pour toi, Lolotte ?
Pour Lolotte, ce sera une soupe à la grimace.
Elle n'a pas faim, pas soif. Elle n'a qu'une envie,
c'est de se tirer de ce mauvais pas. Trop tard.
Le piège s'est refermé sur un déclic. Entre son
père et cette... cette... cette pouff, ça a fait tilt.
Vous savez pourquoi ? Ben, voilà : c'est un gour-
mand, Papy, pour ne pas dire un glouton. Ça lui
est venu avec l'âge. C'est son côté vieux chien
abandonné. Obligé de compenser en s'empiffrant.
Au début, il se cachait, il dévorait en solitaire,
touchant à peine aux plateaux que lui préparait
Mme Debaizieux. Maintenant, c'est plus fort que
lui. Il ne peut pas, il ne peut plus s'empêcher de
dévorer devant le monde.

Mais en prenant l'air distrait de quelqu'un qui
se sert et se ressert sans y toucher, qui engouffre
d'énormes platées, la tête ailleurs, le regard
absent. Il a un autre truc qui agace prodigieuse-
ment Lolotte : il est toujours à guigner l'assiette
du voisin. Au restaurant, c'est l'angoisse, il commande, se ravise, recommande et regrette systé-
matiquement son choix. Là, chez Smith's, même
topo. Il a commandé des scones, non des muffins,
si des... non des... Et à peine les a-t-il engloutis
qu'il louche désespérément sur le mille-feuille de
Sarah. Sournoise, Lolotte propose d'aller lui en
chercher un : Allez, t'en meurs d'envie, mais t'oses
pas le dire... Il refuse, blessé, honteux. Non, pas
question. Il n'en veut pas. Ce qu'il veut c'est que
Sarah lui donne le sien. Et elle le fait, la garce.

Le plus naturellement, le plus gentiment du monde. Flairant le drame, elle lui tend son assiette. Prenez-le, soyez gentil, j'ai horreur de ça, je me suis trompée, c'est une tartelette que je voulais.

Ah ! cette arrivée en Bretagne, les enfants, quelle cata ! Une catastrophe sur toute la ligne. Il vente, il caille, il bruine. La maison sent le moisi. En plus, elle est entièrement vide. Pas un morceau de sucre, pas une feuille de papier hygiénique, pas même un vieux fond d'huile ou de vinaigre. Il faut défaire les valises, faire les courses, le dîner, la vaisselle, les lits... Pas rien, les lits ! Qui dort où et avec qui ?

Ils sont venus pour le week-end, Roger, la Miche, Lolotte et JJ. Ils installent Papy et sa sitter, Sarah. Vous, je vous vois d'ici. Vous avez relevé vos lunettes sur votre nez et vous êtes en train de vous dire : mais qu'est-ce qu'elle vient foutre ici, Sarah ? Pourquoi elle accepte de se séparer de Roger en juillet ? Et lui, pourquoi il s'est donné tant de mal pour l'installer sous le toit de sa femme ?

Parce qu'il espère sans oser l'espérer qu'elles vont tomber dans les bras l'une de l'autre – embrassons-nous Micheline – avant de se pendre toutes les deux amoureusement à son cou en rivalisant de tendre générosité : Écoute, Sarah, comme Roger je l'ai pour moi toute seule en semaine à Paris, en Bretagne je te cède ma place dans le lit conjugal et je prends la mansarde. Et au mois d'août on se le partage. Fifty-fifty, OK ?

Parce qu'il est coincé. Tous ces mecs qui trompent leur femme en continu, pas en pointillé, tous ces maris bigames – ou ces nanas, on n'est pas des petites saintes – arrivent toujours comme des cons à la date limite, pour décider avant le 1er juillet de l'organisation de leurs vacances avec « l'autre ».

Alors, bon, il cherche à gagner du temps, Roger. Le temps de trouver le courage de balancer à la Miche : Faut que je te dise, j'ai quelqu'un. Ou, version doublée peau de zébi : Faut que je te dise, j'ai... Non, pas quelqu'un... Quelque chose. Quelque chose qui me tanne, qui m'emmerde et qu'il faut que je promène pendant quinze jours cet été en Méditerranée.

Le temps de trouver le culot de balancer à Sarah : Je lui ai dit, je te dis, mais elle a fait comme si je lui avais rien dit et alors je lui ai dit... Tenez, écoutez-les, ils remettent ça. Roger aide Sarah à monter sa valise dans la mansarde, une petite pièce tapissée de cretonne tout en haut de ce cube surmonté d'un triangle qu'on dirait sorti d'un jeu de construction genre Lego. À peine a-t-elle refermé la porte derrière eux que ça y va :

— Je croyais que vous faisiez chambre à part, toi et ta bonne femme...

— Ah ! écoute, Sarah, ça va pas recommencer. Je t'ai déjà dit cent fois qu'entre Micheline et moi... Simplement, ici, je suis bien obligé de...

— De mettre Lolotte et son jules dans des lits superposés et d'aller te prélasser dans le gros dodo de bobonne.

— Mais, enfin, c'est sa chambre à la Miche, c'était celle de ses parents. On peut pas lui demander d'aller s'installer dans la chambre des enfants pour...

— Mais je demande rien, moi. Ou plutôt si. Une question toute simple : Tu lui as dit, à ta femme, qu'au mois d'août, on partait en voyage ?

— Non, pas « on », ça quand même pas, que « je » partirais...

— Avec ou sans s ? Partirai futur ou partirais conditionnel ?

— Oh ! je t'en prie, je lui ai laissé entendre, oui...

— Ben, elle doit être dure d'oreille, alors, parce

que tout à l'heure quand elle m'a aidée à installer Papy dans la salle à manger, elle avait l'air de croire que je restais ici jusqu'au 1er septembre.

– Mais non, mais non, t'auras mal compris. Ou elle.

– Elle aura mal compris, c'est ça, oui. Futur antérieur. T'aurais intérêt à pas te tromper dans la concordance des temps, mon petit Roger. Aura : action future intervenant avant une autre action future. Exemple : elle aura accepté notre départ quand tu te repointeras ici. Compris ?

Le lendemain : grand beau temps. C'est ça que j'adore en Bretagne, ce ciel mouvant comme une eau et cette eau qui va et vient, à son heure, à son rythme. Aujourd'hui, elle sera là à midi. 12 heures 47 exactement. La Miche propose d'emmener tout son petit monde pique-niquer à la plage. Elle prépare les paniers et s'étale, ventre enfoui dans le sable, nez plongé dans le dernier Barbara Cartland, vous savez la mère à la belle-mère de Lady Di, la reine des romancières à l'eau de rose. La Miche adore. Lolotte aussi. Et moi, donc !

À peine en a-t-elle avalé deux ou trois pages, qu'elle entend : T'as oublié le sel pour les œufs durs ! Et les sandwiches au jambon, où ils sont, hein, la Miche ? Lui demander ça, à elle, Ornella, elle qui n'a rien mangé depuis la mort, dans la misère, de son noble papa, elle dont les yeux immenses dévorent le pur ovale d'un visage d'enfant orné d'un ravissant sourire perlé et d'un adorable petit nez aristocratique...

Écoute, la Miche, arrête de lire ces conneries et passe-nous le gros-plant... Ah ! ce verre de champagne que lui a offert le marquis de Wynterbourne avant de l'inviter dans son superbe château et de lui acheter des toilettes dignes de sa distinction et de son exquise beauté...

Tiens, attrape mon maillot mouillé, tu veux ?...

Vous voulez une tenue de cheval, ma belle amie ? Mais vous montez ? Il ignore que celle qu'il tient enlacée est une lady, capable de maîtriser les pur-sang les plus fougueux. C'est d'ailleurs en rentrant au pas, à l'ombre des grands arbres de l'allée, qu'il lui a demandé de l'épouser. Une expression d'adoration éclairait son regard. Ses baisers la brûlaient. Elle fondait à la chaleur de l'extase amoureuse...

Oh là, là ! Ce dos ! T'as chopé un de ces coups de soleil ! Tu ressembles à un gros ballon, rouge derrière, blanc devant, ma pauvre vieille !

La mer les a largués. Elle s'est tirée, mine de rien, loin, très loin. Ils se ramassent et remontent à la maison par le petit raidillon bordé de mûres, y en a pas, et de genêts, y en a plus. La Miche et Lolotte s'engueulent autour d'un café dans le coin-pelouse où on a installé une table de jardin, deux chaises bancales et un beau transat rouge drapeau acheté la veille au Codec. À quel sujet ? Rainier et Ira. C'était parti sur Stéphanie, elles avaient vu sa photo dans *Elle,* et ça a mal tourné. La Miche est sûre qu'ils s'aiment en cachette. Et Lolotte, forte de son expérience journalistique, prétend que c'est du cinéma, entièrement fabriqué par les attachés de presse pour qu'on parle des Monac dans les médias. Le ton monte. C'est pas vrai. Si ! Non ! Elles se boufferaient, dites donc ! Heureusement, JJ se pointe et se plante devant elles, l'œil mauvais. Alors Lolotte :

— Qu'est-ce que t'as ? T'es vraiment pénible, je te jure, à rester fiché là, comme un piquet. Allez, va jouer.

— Non.

— Pourquoi ?

— J'ai rien pour m'amuser. Je m'ennuie. Je sais pas quoi faire.

— Tout à l'heure on va prendre un verre. En attendant prends un livre.

– J'en ai pas.

– Écris le tien.

– Avec quoi ?

– Avec un bloc et un bic. Il doit y en avoir près du téléphone.

– Mais où ?

– Je viens de te le dire, mon petit JJ, près du...

– Oui, bon d'accord, mais où je dois me mettre pour l'écrire, ce livre ?

– À la table de la cuisine. En ce moment, tu déranges personne. Et quand il faudra mettre le couvert, on te dira de ramasser tes affaires. Allez, va, mon bébé.

Il y va. Il revient :

– Y a un bic, y a pas de bloc.

– Bon, ben mon petit lapin, voilà trente francs. Tu prends le vélo, tu vas au bourg, tu t'achètes un crayon, une gomme, un cahier d'écolier, une règle, tout ça. Et s'il te reste un peu d'argent, t'as droit à un cornet de glace. Allez, va, mon grand.

– Pauvre JJ ! Tu crois pas que tu pousses, Lolotte, à le taquiner comme ça ?

– Mais je le taquine pas. La retraite, ça le rend gaga. Il est retombé en enfance. Tiens, regarde-le qui revient en boudant, son petit ventre rond pointant au-dessus de son short. C'est pas trognon, ça ? Qu'est-ce qui se passe encore, mon bébé, hein, qu'est-ce qui va pas ?

– Il est crevé, le vélo.

– Ben, demande à ton copain Roger de te prêter sa petite auto.

– Elle est pas là. Lui non plus.

– Où ils sont ?

– Partis avec Sarah et Papy à Lannion.

– Tiens ! Pour quoi faire ?

– Acheter une lampe de chevet pour la salle à manger. Il n'y en a pas près du divan où on a installé Papy.

Ça la met hors d'elle, la Miche. Ça alors ! Sans même la prévenir ! Allez, JJ, sois gentil, dégage, tu veux. Elles ont à parler là, à parler femmes ou plutôt hommes. Non, mais c'est pas vrai ! Acheter une lampe de chevet pour la salle à... Pour sa salle à manger sans lui en parler, c'est un monde, ça !

— Tu sais pourquoi il a foutu le camp en douce, ce salaud ? Pour aller lui téléphoner !

— À qui ?

— Ben, à la grosse, enfin, Lolotte ! Évidemment, il peut pas l'appeler d'ici sa pouff, alors il sait pas quoi inventer pour aller au bourg. Il manque ceci, il manque cela... Sarah, je viens avec vous ou avec toi, je sais plus s'il la tutoie.

— T'es folle, pourquoi veux-tu qu'il la tutoie ?

— J'en sais rien, moi. On se tutoie tous ici, ce serait assez normal, non. C'est pas ça qui me gêne. Pourquoi tu t'accroches toujours à des détails idiots ? Tiens, passe-moi plutôt un kleenex.

— Enfin, la Miche, pleure pas. Qu'est-ce que tu dirais à ma place ! Réfléchis : Papy qui va s'acheter des meubles sans m'en parler, sans un mot, sans rien. Avant, pour la moindre paire de godasses...

— D'abord c'est pas un meuble, c'est une lampe. Et c'est vrai, il en avait besoin. Ensuite tu la paies à quoi faire ta papy-sitter, hein ? À ça.

— Bon, ben alors, pourquoi tu t'énerves comme ça ? C'est vrai, au fond, c'est tout à fait normal. Roger a emmené Sarah emmener Papy acheter une lampe. Où est le drame ?

— Mais non, c'est pas normal, cette façon de se tirer, de... Ah ! La vache ! De penser qu'elle lui manque à ce point, cette pouff !

— Arrête, écoute ! Elle lui manque pas, ça j'en suis sûre.

— Qu'est-ce que t'en sais, hein ? Rien.

— Si, je sais.

— Quoi ?

– Je sais pas.

– Tu vois bien ! Pourquoi il nous a pas proposé d'y aller aussi ? Pourquoi il a pas emmené JJ ? Pour ça. Pour pas que JJ le voie en train de...

– Papy et JJ, il pouvait les installer dans une crêperie, leur payer à goûter, demander à la patronne de les surveiller et aller tranquillement téléphoner à Sarah.

– À Sarah ! Non, mais ça va pas la tête ! Pourquoi veux-tu qu'il l'appelle puisqu'il est avec elle ?

– C'est ce que je te dis !

– Qu'est-ce que tu me dis ?

– Je sais plus ce que je dis.

– Si, t'as dit...

– Arrête, dis !

Fini, la Bretagne. Ils sont rentrés, là. Ils retrouveront Papy et Sarah en fin de semaine. Lolotte a un problème. Lourd. Encombrant. Elle peut pas sortir de son bureau sans tomber dessus. C'est un énorme paquet – il mesure un mètre soixante-seize et pèse quatre-vingt-deux kilos – enveloppé de coton, de tergal et de laine, posé sur une chaise dans le couloir. Chaque fois, le garçon d'étage le désigne du menton en disant : C'est pour toi. Et elle le regarde, les bras ballants, partagée entre l'agacement et la pitié.

– Qu'est-ce que t'es encore venu faire ici, mon JJ ? Pourquoi tu vas pas à ton club ?

– Parce que c'est l'heure des chômeurs et des retraités.

– Comment ça ?

– Ben oui, les mecs vidés viennent aux heures creuses.

– Parfait. Au moins comme ça on ne se bouscule pas dans les vestiaires. Il y a toute la place.

– Pas tant que ça. Des gens comme moi, maintenant, il y en a des tas.

– Alors s'il y en a autant qu'aux heures de pointe, il y a pas de honte à...

– Aux heures de pointe, c'est des hommes en flèche. En forme, comme ils disent dans *Le Point*. Tu peux pas être en forme si t'es en panne. Alors moi, pour la garder, la forme, je suis obligé d'y aller avec ceux qui l'ont.

– Tu crois pas qu'il y en a beaucoup qui font pareil ? Des sans-travail qui y vont avant ou après le travail pour pas qu'on voie qu'ils n'en ont pas ?

– Peut-être, oui.

– Ben, alors, autant y aller avec ceux qui ne vont pas au boulot et qui y sont pendant que les autres y vont.

– Tu comprends rien ou quoi ? Si tu vas pas au bureau, tu vas pas à la gym, puisque tu vas à la gym parce que tu vas au bureau.

Qu'est-ce qu'elle va en faire de son problème, Lolotte ? Elle va faire comme d'habitude, elle va le fourguer à sa copine, à Coco. Tiens, à propos, il y a longtemps qu'on ne l'a pas vue, celle-là. Ce qu'elle devient ? Rien de spécial. Sa fille et son petit ami se sont cassés, les parents de Laurent sont en vacances et ils en profitent pour faire un squat dans leur appartement. Ils attendent qu'elle parte pour rentrer rue Gay-Lussac. Et elle attend que Ned soit reparti pour se casser avec le petit Anglais.

Mais bon, sa gosse, Ned, tout ça, c'est pas le problème. Le problème, c'est le problème de Lolotte. Les problèmes. Elle s'en est dégoté un autre pour faire bon poids. Sa grossesse : elle veut que ça se voie. Mais la préretraite de son mec, elle veut pas. Voilà, c'est aussi simple que ça. Du coup, elle a traîné Coco chez Materna, à l'heure du déjeuner, et tout en essayant des robes à smocks et des pantalons à ventrière devant la glace, elle lui balance :

– Tu es sûre que ça m'arrondit assez ? Regarde

de profil... Qu'est-ce que t'en penses ? Et pour JJ, qu'est-ce que tu crois ?

– Tu es tuante, tu sais, Lolotte. Avec toi, il n'y en a vraiment que pour toi. Tu pompes, hein ! Tu devrais t'adresser au courrier des lectrices de *Femme actuelle,* section conseils pratiques : Mon bonhomme était pas bien attaché, là il est recollé, comment le détacher ?

– Mais non, idiote, il s'agit pas de ça. Il s'agit de son roman. Il veut pas l'écrire. Il a pas de table, il a pas de bloc, il a pas de bic... La seule chose qu'il ait, c'est un prétexte pour pas s'y mettre.

– Forcément. Plus personne n'écrit à la main. Tout est tapé machine. Faut lui présenter ça comme un jeu, lui acheter une petite Canon électronique – au journal ils te feront un prix – et lui montrer comment ça marche. Il va s'amuser à fixer ses marges, ses inters, tout ça. Après il va tapoter dessus et petit à petit, il inscrira un mot et puis un autre sur son voyant. Ça finira par faire une phrase. Très important ça.

– Quoi ?

– La première phrase. Madame arrête pas de le répéter : Quand t'as ta première phrase, t'as ton papier.

– C'est pas un article, c'est un bouquin ! Alors avec une seule phrase, tu fais peut-être pas deux cent quatre-vingts pages.

– C'est pas une question de parcours, c'est une question de moteur. Ça met le contact. Après, t'as plus qu'à démarrer.

– Qu'est-ce que t'en sais ?

– Oh, écoute ! Ça va faire sept ans que je suis à la section livres, je commence à les connaître, les auteurs. Surtout quand il s'agit de nous la vendre, leur salade. Allô ! mademoiselle, c'est au sujet de la critique de mon dernier roman. Je me suis permis de la demander à Tartemolle. Il vous l'a envoyée il y a deux mois. Une étude très intelligente, très approfondie. Elle fait quarante-deux feuillets et demi. Et il s'étonne de ne pas la voir passer dans vos colonnes. Ce que j'en dis, c'est pas pour moi, c'est pour lui.

— Bon, alors, il lui faut une machine, une première phrase et c'est tout ?

— Non, tu rigoles ! Il y a autre chose.

— Quoi ?

— L'Irlande. Il doit aller s'y installer avec sa femme et naturellement son chien.

— Je croyais que c'était plutôt dans le Midi.

— Pourquoi pas à Saint-Tropez, pendant que tu y es ! Non, là, c'est l'Irlande. Il y va et il n'en revient que quand la photo de sa chaumière et de ses moutons a paru dans les journaux.

— Oui, mais en ce moment, pour JJ, l'Irlande... Et si je l'envoyais dans les Côtes-du-Nord avec Papy, ça ferait pas pareil ?

— Tu m'excuseras, mais le pavillon faux style du pays des parents de la Miche, avec sa pelouse en plastique...

— C'est pas du plastique !

— Oui, bon, mais tu vois ce que je veux dire...

— D'accord, n'empêche, faut faire avec ce qu'on a et moi, là, j'ai que ça...

— Et question chien ?

— Ça, ça va, il y a un chat en porcelaine sur le toit.

Retour en Bretagne. Ils viennent de débarquer. Complètement pétés. Lolotte, la Miche et Roger escortent JJ. On installe Voltaire à Ferney. C'est Noël, c'est la naissance de l'écrivain du siècle. Allez, les enfants, ce soir on fait la fête. Ils ont acheté du champagne et du pâté dans une station-service et ils ont déjà largement arrosé le joyeux avènement. Et ça picole. Et ça rigole et ça dégringole dans la gaudriole.

Sarah sourit mince, étroit, parle peu, ne réagit

pas. Ou plutôt si. Au doigt et à l'œil dès qu'il s'agit de servir, de desservir, de resservir, éponger, apporter, enlever, remplir, vider assiettes, verres et plats. Elle a des ressorts sous les fesses.

Et puis, je ne sais pas ce qu'ils ont balancé, JJ et Roger, un truc énorme, une colossale cochonnerie. Lolotte pointe un doigt indigné vers son ventre. Entre deux hoquets, JJ lui demande ce qu'elle a.

— Vous pourriez pas faire un peu attention à ce que vous dites, non ? Parler comme ça devant lui, c'est vraiment indécent.

— Qui lui ?

— Ben lui, le bébé.

— Ah ! parce que tu crois qu'on l'a choqué ?

— Choqué, je sais pas, mais à cet âge-là, ça comprend déjà tout ce qu'on dit. Je le sais, je l'ai lu dans *Prima*.

— Ah ! ben, s'ils le disent dans *Prima*... Ho ! ho ! Fabien !... Dis donc, t'as pensé à lui choisir un prénom, parce que pour lui parler, pour attirer son attention, déjà qu'il faut élever la voix, ce serait plus commode. Ho ! ho ! Fabienne !

— Crie pas comme ça, il est pas sourd. Hein, mon petit chat ou ma petite chatte, que t'es pas...

En la voyant se caresser, le fou rire les reprend. S'esclaffant, pouffant, hurlant, sifflant, ils en pleurent. Même Sarah se fend d'un sourire en tirelire. Et Papy, content qu'on taquine cette conne de Lolotte, soupire de satisfaction épanouie.

Roger, ça lui donne une idée. Attends, on va lui faire un cadeau à ton petit Sigmund. Un cadeau pour l'anniversaire de ses six semaines in utero. Et effectivement, le lendemain en rapportant les provisions, il déballe, au milieu des bottes de radis, des canettes de bière, des boîtes de thon et des maquereaux enveloppés dans du papier journal, des cassettes et un Walkman.

— Comme ça, tu pourras l'appeler Julio. Ou si c'est pas assez reluisant Wolfgang Amadeus. On t'as pris *No, yé né pas changé* et *Les Noces de Figaro*. Et attends, c'est pas fini. Là, t'as une petite musique de nuit exprès pour lui : *Fais dodo, Colas, mon petit frère*. C'est apaisant, tu vois. Et plus tard, quand il sera sorti, t'auras qu'à mettre le disque et, réflexe conditionné, il roupillera à poings fermés.

Ravie, Lolotte, aux anges ! Justement, elle a lu dans... Dans quoi, déjà ? Dans *Ici Paris* ou dans *Le Monde,* elle sait plus, que Lady Di, la future reine d'Angleterre, circule en patins à roulettes dans les couloirs de Buckingham, son Walkman à l'oreille. Du coup, le sien, elle le quitte plus. Même à table. Et au lit, la berceuse à son petit Wolfy, elle se la branche dans le nombril.

Si on parlait d'amour, aujourd'hui ? Remarquez : aujourd'hui ou demain, c'est pareil. Elles ne parlent que de ça, mes nanas, grosses et grasses baleines roses, échouées, couvertes d'huile sur le sable de leurs vacances. Elles peuvent pas ouvrir un journal, un hebdo, un magazine, sans tomber sur un jeu, un sondage : le sexe et vous. Faites le test ci-dessous. Elles sont toujours à fourrager dans leur sac de plage – t'as pas un bic ou plutôt un crayon-gomme ? – pour arriver enfin à savoir si elles sont heureuses au pageot ou pas.

La Miche planche sur la question 10. L'orgasme, pour vous, c'est quoi ? A : Un coucher de soleil. B : Le 14 Juillet. C : Un bœuf bourguignon. D : Un attrape-nigaud. E : La grosse Bertha.

– Je sèche complètement. Qu'est-ce que tu mettrais là, Lolotte ?

– Un tir au pigeon.

– Tu peux pas, ça y est pas.

– Bon, ben, alors je sais pas. Ils posent de ces questions, je te jure ! Comment veux-tu répondre, c'est trop dur.

– Tiens, et là, pour séduire un homme beau, riche et célèbre, il faut être A : Une vamp. B : Membre d'un club superselect. C : Une hôtesse de l'air. D : Brésilienne au bois de Boulogne.

Et Sarah, elle, tricote dans un coin, mince et mate, recroquevillée, bien à l'abri, bien au propre, entre son chapeau de paille et son tapis de plage, et Sarah qui leur lance :

– Marque C. La cousine à ma belle-sœur, elle l'était, hôtesse de l'air, et elle a cravaté un millionnaire sur le vol Dallas-Houston en classe affaires.

– Comment elle s'y est pris ?

– Il s'était fait une tache. Du vin rouge. Elle l'a fait partir. Avec du vin blanc.

Vous les verriez, mes petites chéries ! Elles mettent des croix dans des cases. Elles se reportent à la page 212. Elles se perdent dans des losanges et des cercles. Elles se prennent les pieds dans des grilles. Elles escaladent des colonnes de chiffres. Elles totalisent tout un tas de signes clairs ou foncés. Elles additionnent, elles soustraient, elles paument des points, elles en retiennent et qu'est-ce qu'elles obtiennent ? Des résultats catastrophiques. Nuls. Zéro. Le fiasco. La Bérézina.

Conclusion : profitez des rencontres de l'été pour changer de partenaire et essayez de décrocher le gros lot. Moi, je veux bien, mais comment je fais ? Je croise un mec en short ou en maillot. Le moyen de savoir si c'est un rectangle ou un carré, si c'est un 4 B ou un 3 D ? Faut découper l'article dans le journal, le trimbaler partout avec soi et le lui fourrer sous le nez avant même qu'il ait eu le temps de vous inviter à prendre un verre de I : Sangria. II : Ouzo. III : Guinness. IV : Valpolicella. Et d'en avoir renversé sur son tee-shirt. Soyez gentil, cochez les bonnes réponses et repassez dans trois quarts d'heure. Au vu de vos résultats, je vous dirai si c'est oui ou non. Attention, on va pas courir le risque de se retrouver avec un pauvre 20 C doublé d'un minable Q 2 qui, au moment critique, compte ses points de retraite ! Remarquez, après l'écrit, il y a l'oral.

Tiens, à propos d'oral, l'« oral sexe », cette formidable revendication des années soixante, cette exigence des féministes agitant l'étendard du clitoris, ersatz de pénis, cet impératif vite récupéré par les machos de service, ça ne vous fait pas marrer, vous ? Moi, je trouve ça cocasse. Quand ça se faisait, on n'en parlait pas, sujet tabou. Et depuis que ça ne se fait plus, on ne parle que de ça, sujet bateau.

Aux États-Unis, ils n'ont que ces deux mots à la bouche, si j'ose dire. C'est la clé des songes esseulés, le moteur de tous ces best-sellers fabriqués sur ordinateurs et vendus sur tourniquets, dans les aéroports de nos vacances, à l'enseigne des quatre A : amour, ambition, aventure et argent, ces énormes livres de poche ou plutôt bagages à main, qu'on s'échange entre copines parties en solo ou en duo à la recherche du soleil et du sable. Le sexe, elles se contenteront d'en rêver en feuilletant d'un doigt fébrile ces pages poissées de sperme et d'huile à bronzer.

L'autre jour encore, je consultais un de ces manuels de parfait savoir-faire. Là-bas on les appelle des « How to ». Comment élever votre mari. Où se le procurer. Alimentation. Propreté. En voyage. Au restaurant. Chez des amis. Le mari casanier. Le mari bricoleur. Le mari drogué au boulot ou à la télé. Et le mari cavaleur : à force de tirer sur sa laisse, il va finir par la casser, attention !

À quel signe le reconnaît-on ?

Vous êtes enceinte de huit mois et il vous laisse transporter une armoire à glace de la salle de bains à la salle de séjour sans lever le petit doigt.

Il gagne un voyage pour deux à Hawaii et il vous l'offre : t'as qu'à emmener ta mère.

Vous rentrez chez vous, votre clé n'ouvre plus la porte, il a changé les serrures.

Il demande votre meilleure amie en mariage.

Vous trouvez dans votre boîte aux lettres une bafouille de son avocat : il a engagé une procédure de divorce.

Il vous dit : T'es grosse, t'as des bourrelets ou t'es maigre, t'as des salières.

Comment le ramener à la niche ?

Ne faites pas comme vos suffragettes de mères, ces folles qui brûlaient leur soutien-gorge, changez le vôtre, portez du pigeonnant, du noir et de la dentelle. Jetez vos collants et achetez un porte-jar-retelles. Retrouvez le parfum que vous aviez le soir où il vous a draguée à la sortie d'un cinéma de quartier et aspergez-vous-en. Avec un peu de chance, ça éveillera le réflexe conditionné du chien de Pavlov et ça le fera saliver. Dès qu'il ouvre sa gueule, faites-en autant. Écoutez-le parler, la bouche ouverte d'admiration.

Et si ça ne suffit pas, multipliez les caresses et les gâteries de l'« oral sexe ». Vous n'êtes plus un objet de désir ? Devenez une machine à plaisir.

Vous me direz : bon et après ? Tout ça, on le sait. Peut-être, mais ce à quoi on ne songe pas, c'est que pour ne pas être pris sous une pluie de saloperies baladées par les maladies sexuellement transmissibles, l'amour ne peut plus sortir sans son imper. Il ne doit jamais oublier de mettre ses caoutchoucs. On est revenu au bon vieux préservatif des familles. Dans les pays scandinaves et aux États-Unis, où il s'en vend plus d'un million par jour dans les grandes surfaces et les supermarchés, on vient de lancer des capotes dont la couleur, la texture et l'emballage sont de nature à séduire la clientèle féminine.

On va plus loin, on conseille même aux nanas d'en avoir toujours un stock dans leur sac à main ou dans le tiroir de leur table de nuit, à la disposition de partenaires insouciants ou trop polis pour prendre leurs précautions. On n'entend que ça là-bas, dans les médias : si vous voulez éviter les accidents, attachez vos ceintures de sécurité. Elles n'ont qu'un défaut. Elles ont un goût. Un goût de caoutchouc. Et tant que les capotes parfumées à la framboise ou au citron ne seront pas en vente dans les grandes surfaces – notez, ça ne saurait tarder – l'« oral sexe » en prendra un sacré coup.

C'était chouette, ce week-end en Bretagne. Des orgies de pain plié, de beurre salé et de cidre fermier. Une pêche à la crevette miraculeuse. Bien, vraiment bien. Paris, c'est moins bien, nettement moins. La Miche s'embête et s'inquiète. À se demander si elle ne devrait pas déclencher le plan ORSEC décrit plus haut. Roger, ça va pas. Là-bas il est gonflé à bloc. Ici il est complètement à plat. Chaque fois, c'est pareil. À l'aller la pression de ses pneus augmente au risque d'éclater et, au retour, elle diminue au point de crever. Crever de cafard.

Qu'est-ce qu'il a ? Après le boulot, il rentre, il est plus présent. Et plus absent. Morne, silencieux, pas faim, pas sommeil. Il tourne en rond. Il s'intéresse à rien. Même la télé, il supporte pas : c'est trop con.

Et puis, hier, c'était quoi... mardi, il lui propose de la retrouver le soir à Saint-Séverin. Ils iront dîner chinois. Ou grec. Ou italien. Il voudrait pouvoir lui parler tranquillement sans avoir les jumeaux dans les pattes. Bon, OK, pas de problème, c'est super, elle plane la Miche, ça fait des mois et des mois que c'était pas arrivé un truc pareil, une sortie, comme ça, en amoureux.

Du coup, en revenant de faire ses courses, le matin, elle s'arrête à la parfumerie, pose son sac à provisions sur le comptoir et demande à la vendeuse qu'est-ce qu'elle pourrait bien se mettre sur la gueule pour avoir l'air moins tapé. Elle emploie pas exactement ces mots-là, mais c'est bien ce que ça veut dire. L'autre lui balance des pots, des flacons, des crèmes énergisantes, nourrissantes, hydratantes, vespérales, purifiantes, astrales. Des émulsions tempérantes, clarifiantes, exfoliantes. Des masques, des laits, des sels, des bases et des fluides.

Complètement paumée, la Miche. Elle regarde hébétée cette beauté en kit et... Et la vendeuse en profite pour lui fourguer un soin, un nettoyage de peau. Elle a une cabine derrière le magasin et un rendez-vous qui s'est décommandé en début d'après-midi. La Miche saute dessus. Et se retrouve étalée, les cheveux pris dans un turban, les seins ballants sous un peignoir douteux, abandonnée aux longues mains soigneusement manucurées rouge sang d'une ravissante et hautaine esthéticienne qui te la nettoie, te la gomme, te la masse, te la modèle, te l'ozonise, te l'épile et pour finir te la tartine au gel-bronze, au mascara-lustrant, au blush-nuance, au violet-flash, à l'ombre-poudre, au rose-baiser et au fard-velours.

Pendant que Madame se pomponne, se chochotte, il y en a qui bossent ! À qui je pense ? Ben, à Coco et à Lolotte. Elles font un squat devant le lavabo dans les toilettes du deuxième étage. Coco est hors d'elle.

— Qu'est-ce qui se passe ?
— Les enfants ont décidé de se marier.
— Steph et Laurent ?
— Oui, figure-toi. C'est dingue, non ? Ils sont ensemble seulement depuis quelques semaines. Ils s'entendent bien, ils bossent, ils veulent pas d'enfants, enfin, ça baigne, quoi ! Et puis là, brusquement, les fiançailles, le lunch, la liste de mariage au Printemps Opéra, la honte !
— Ça t'as raison, c'est d'un grotesque ! C'est sûrement une idée de ta fille, je vais te dire.

Parce que son mec, je le connais, je l'ai vu deux ou trois fois, c'est pas pour te vexer, mais il est d'un conformisme ! C'est pas le genre à tout foutre en l'air pour passer devant Monsieur le Maire. Stéphanie, au contraire, je sais pas. T'as toujours eu des problèmes avec elle, rappelle-toi. Elle repique sa crise. L'opposition à la mère.

— Non, c'est pas ça. Elle me l'a annoncé très calmement, hier, à dîner. On parlait des unions libres justement. Il y en a plus d'un million. Et c'est là qu'elle a exigé des fiançailles dans les salons de l'hôtel Lutetia et un mariage en blanc à Saint-Honoré-d'Eylau. Tu sais ce qu'elle a eu le culot d'ajouter ? Qu'elle était vierge quand elle l'a connu, Laurent, et qu'il y avait donc aucun problème pour la couronne d'oranger. Tu te rends compte ! A notre époque ! Quand JJ va savoir ça ! Qu'est-ce que je vais dire aux gens, moi ? Ça ressemble à quoi ?

— Comment ça a pu arriver, je comprends pas. Tu l'as pourtant élevée dans...

— Absolument. Elle était libre comme l'air. Je lui ai donné la pilule à quatorze ans, pour le cas où... Aucune de ses copines n'a même imaginé de faire un truc pareil, un vrai scandale. Il y en a pourtant qui ont déjà des bébés. Non, dans notre milieu, c'est une tache.

— Il y a pas que dans notre milieu. À la campagne, ils ne se marient pas non plus. Et dans la haute aristocratie, regarde le comte et la comtesse de Paris, ils divorcent, alors tu vois.

— Je ne sais pas quoi faire. Qu'est-ce que tu me conseilles ?

— Moi, je reviendrais aux bonnes vieilles méthodes d'éducation : si c'est comme ça, si elle veut vraiment se marier, si elle tient absolument à déshonorer sa famille, menace-la de ne plus jamais les recevoir sous ton toit, elle et ses moutards légitimes.

Manque de bol, à Paris, ce soir-là, il fait une chaleur lourde, moite, irrespirable. La Miche, en retard comme d'habitude, débarque en claudiquant sur ses talons aiguilles. Essoufflée, en sueur, le cheveu collé, épongeant au kleenex tout ce fond de teint, tout ce rimmel qui s'écoulent en rigoles dans les ridules autour des yeux et de la bouche. Elle a l'air d'une sous-maîtresse de bordel. Roger la regarde, exaspéré. Pour ce qu'il a à lui dire, c'était vraiment bien la peine de se mettre en frais... Bon, alors tu choisis ? Qu'est-ce que tu prends ?

Elle hésite interminablement – ça c'est encore un de ces trucs qui le rendent fou : une viande, non plutôt un poisson, remarque, un carré d'agneau... Comment il est ? Il est bon ? Vraiment, vous me le garantissez ? Comme si le maître d'hôtel pouvait lui répondre : Non, il est dégueulasse, gras, dur, trop cuit, avarié, prenez donc une sole, le surgelé, c'est moins risqué.

Elle regarde Roger par-dessus le menu : Et toi tu commences par quoi ? Il sait plus, justement, il a oublié par quoi il voulait commencer. Quels mots employer pour l'amener à accepter des vacances séparées, en solo, au mois d'août ? Il veut pas la larguer, c'est pas ça, il veut la laisser là, attachée à sa niche. Il a simplement envie d'aller se balader sans l'avoir toujours sur ses talons, ce sont des choses qui arrivent, non ? Allez, sage, laisse-moi passer. Je pars et je reviens. J'ai aucune explication à te donner. De toute façon tu ne comprendrais pas.

Ça, il y a des chances, oui ! Brusquement il perd ses moyens, il perd ses mots. Il ne sait plus quel prétexte, quelle raison donner pour se casser, se tirer sans laisser d'adresse. Sarah n'appréciait pas tellement que la Miche les réveille à sept heures tous les matins pour lui demander comment il a passé la nuit. Il voit pas, il voit rien, il se cogne, gros bourdon pris au piège de sa trouille et de sa tendresse, aux carreaux transparents de vingt-sept ans de conjugo.

Bon, alors, qu'est-ce qu'il fait ? Il va être obligé d'opérer là, à chaud, sans anesthésie : Faut que je te dise, j'ai quelqu'un... À l'idée de lui faire mal, alors, là, vraiment très mal, il est pris de panique. Il hésite. Il la prie de l'excuser. Il doit aller aux toilettes. Et il dégringole au sous-sol, poussé par une irrésistible envie d'être rassuré, conforté dans sa décision de faire le grand saut, en échangeant ne serait-ce que quelques mots avec Sarah.

Il compose le numéro en Bretagne.

— Allô, Papy ? C'est Roger. Comment ça va ?

— Mais très bien, mon cher Roger. C'est gentil à vous d'appeler. Tiens, justement j'ai eu un coup de fil de Patrice...

— Patrice ?

— Mais oui, voyons, mon petit-fils. Il vient jeudi par le train et il repartira dimanche avec vous.

— Ah bon ! Très bien. Très bien. Et... heu... JJ... ça va ? Ce bouquin...

— Ah, ne m'en parlez pas. Il est agaçant avec ça. Il m'a dit qu'il me le passerait dès qu'il l'aurait fini. Il paraît que c'est passionnant, qu'on ne peut pas s'en détacher... Ça n'a pas l'air d'être le cas. Au bout de deux pages, il le referme et...

— De quoi vous parlez là ?

— Du dernier Patricia Highsmith, vous savez ce policier, comment il s'appelle déjà...

— Mais son livre à lui, le sien, il l'écrit ?

— Il écrit un livre, JJ ? Tiens donc ! Vous m'étonnez. Ce n'est pas un homme de lettres, c'est un homme de ménage. Avec Sarah, ils n'arrêtent pas, ils briquent, ils cuisinent, ils lavent, ils encaustiquent, ils balaient, ils époussettent, ils adorent ça. Moi aussi. J'ai l'impression d'être installé dans une vitrine du faubourg Saint-Honoré tellement ça brille et ça reluit ici.

– Alors, Sarah, heu...

– Elle en est enchantée. Elle me le disait encore hier : c'est une entreprise de nettoyage à lui tout seul. Entreprise, le mot est bien choisi. Il est peut-être un peu trop entreprenant.

– Qu'est-ce que vous voulez dire ?

– Mon Dieu... ! Non... Rien... Rien de particulier... Enfin...

– Il est là ? On peut lui parler ?

– Non, ils sont sortis. Ils ont insisté pour m'emmener, mais aller en boîte à mon âge !

– En boîte ? À Pleubian ?

– Eh oui ! Au Chardon-Bleu, je crois, ou au Trèfle-Rouge, je ne sais plus. C'est le rendez-vous de tous les jeunes du pays.

– Oui, mais enfin, JJ...

– Oui, mais bon, Sarah... Je préfère la savoir là-bas avec lui que...

– Je ne comprends pas. Elle ne peut pas rester tranquille à la maison avec vous, devant la télé ?

– Mais, c'est ce qu'elle a fait soir après soir depuis notre arrivée. Alors aujourd'hui quand JJ a proposé de...

– Ah ? il a proposé de... Ah bon, très bien, je vois, eh bien, bien... Bon, bien, parfait, très bien, bon, alors, au revoir.

La grande scène du deux, ce ne sera pas encore pour aujourd'hui. Ulcéré, jaloux, exaspéré, malheureux, craignant aussi, craignant surtout de lâcher la proie pour l'ombre, Roger reprend sa place à table. Ne desserre plus les dents, écourte le dîner : pas de sorbet, l'addition. Et ajourne l'explication.

Troisième week-end en Bretagne. À peine débarquée, Lolotte interpelle JJ : Police ! Vos papiers !

– Tu me la montres, ta première phrase ?

– Je l'ai pas.

— Comment ça ?

— Je l'ai perdue.

— Comment, perdue ? Tu te fous de moi ?

— Non, je l'ai laissée traîner sur la table de la cuisine. Sarah s'est pas méfiée et en vidant ses cosses de petits pois...

— Elle aurait quand même pu faire attention, merde ! C'est pas du papier journal, du papier blanc avec quelques lignes écrites dessus...

— Mais non, voyons, elle y est pour rien. C'est moi qui... Ou plutôt, c'est toi. Si tu m'avais acheté une machine à traitement de texte, elle se la serait mise en mémoire et on n'en serait pas là.

— En attendant, tu pourrais quand même essayer de la retrouver.

— On a cherché partout avec Sarah. On a vidé toutes les poubelles. On est même allés à la décharge publique. On a mis les doigts dans tout un tas de saloperies, des vieux mégots, des restes de spaghettis, des pots de yaourt à moitié pleins... Pas moyen de remettre la main dessus.

— Non, mais je veux dire, essaie de la retrouver dans ta tête, de t'en souvenir.

— Impossible. C'est le trou. Je me rappelle pas.

— Écoute, c'est pourtant simple. C'est l'histoire de ta vie, non ? Ton enfance dans une loge de concierge au fond de la cour à droite. T'avais bien des brouillons, des idées ?

— Ouais, j'avais : Pardon, madame, M. Crafougnat, c'est à quel étage ?

— C'est pas possible, ça, voyons, JJ. Tu peux pas ouvrir ton roman sur un dialogue. La mère Sarraute va croire que tu la copies. Ça a l'air de quoi ?

— De ce que c'est : un poncif. Un poncif usé, défoncé, limé, râpé, le roman dans le roman. C'est pas moi qui en ai eu l'idée. C'est pas moi qui te pousse à me bassiner sans arrêt pour que je le ponde, ce truc. Alors, je commence comme je peux. De toute façon, ça me plaisait pas tellement, c'était un peu vague. Je pensais plutôt à : Bonjour madame Chatard, j'ai du courrier ?

— Ah ! c'est plutôt mieux, oui, ça cerne de plus près le personnage de ta mère, l'héroïne au fond.

— Non, non, le héros, c'est moi. Et là, j'y suis pas.

— Alors, tu pourrais mettre : Ça va mon petit bonhomme ? Dis donc à ta mère qu'elle a oublié de sortir ses poubelles.

— Ah ! non ! Ça, non ! Ça fait rétro, soixante-huitard, la gauche ringarde, le coproprio qui engueule la gardienne, c'est plus possible. J'avais pensé à... Mais non, ça va pas...

— À quoi ?

— Tenez, madame Chatard, ces affaires sont trop petites pour mon fils, alors pour le vôtre peut-être... Mais, là, c'est pas évident qu'il s'agit de la concierge et puis ça a un petit côté paternaliste à l'américaine, le capitalisme compatissant, ses dames patronnesses et ses bonnes œuvres. Ça me marquerait trop à droite.

— Et si t'attaquais, bille en tête : Écoutez, m'sieur Crafougnat, si vous voulez que je monte faire votre ménage, faut laisser vos clés à la loge. Hier, je me suis tapé les cinq étages pour rien. Et avec mes rhumatismes...

— Ouais, c'est vrai, ça c'est pas mal. Mais moi, où je suis là-dedans ? Et papa ? Et son taxi ? Je l'adorais moi, mon père. Pas question de le sucrer.

— À ce moment-là, pourquoi tu mettrais pas : Mon fils, va dire à ton père qui est chauffeur de taxi que le dîner est servi dans la loge. Où, qui, quoi, quand, t'as tout là.

— Sauf que ça va pas. Mon père était jamais là pour le dîner. Il me préparait à manger le midi pendant que ma mère faisait ses ménages. Et il rentrait après la sortie des théâtres.

— Et le dimanche ?

— Ça, des fois, il prenait un dimanche, oui.

— Ben, tu le rajoutes : Mon fils, va dire à ton

père qui est chauffeur de taxi que c'est dimanche et que le dîner est servi dans la loge.

— Dans « ma » loge, ce serait plus clair. Oui... ça, c'est pas mal. Il y a quand même un ennui.

— Quoi encore ?

— C'est que là, j'ai tout dit. Après, dans la deuxième phrase, qu'est-ce que je mets ?

Le lendemain, il n'arrête pas de pleuvoir. Ils se cognent aux vitres où s'écrase le goutte-à-goutte de leur ennui. Lolotte et la Miche essaient des crèmes et se refilent des romans de la série Harlequin. En serrant les fesses de temps en temps. Elles ont lu quelque part que la gymnastique statique, c'est très bon, Noureev le fait, ça raffermit les muscles. Regardez-les, elles sont chou ! Elles rentrent d'un coup leurs quatre joues, celles d'en bas et celles d'en haut où se forment bizarrement, sous les lunettes de presbyte de la Miche, deux creux à la Marlène, deux creux pathétiques.

Pendant ce temps-là, Sarah et Papy tapent le carton. Une interminable partie de canasta. Ils adorent ça. Et Roger tourne autour comme un gros bourdon qu'on repousse avec un rien d'agacement : Vous me gênez, là, Roger, sans vouloir vous vexer. À vous sentir comme ça dans mon dos, ça me déconcentre et Sarah va encore me...

Roger s'éloigne à contrecœur. Planqué derrière Papy, il reluquait Sarah avec des yeux de cocker myope. Allez, fais pas ta mauvaise tête, arrête de me bouder, parle-moi, tu sais bien que tout va s'arranger, que je n'aime que toi, que...

Mais non, elle l'ignore complètement. Elle ne le voit plus. Il est devenu transparent. Elle ne lui adresse plus la parole. Et sa mauvaise humeur perce un peu malgré elle. Elle a un « ton » comme dit la Miche qui ne comprend rien et pour cause à ce qui se passe. Et qui, la nuit dernière, s'en est étonnée devant Roger.

— Tu trouves pas qu'elle a changé, Sarah ? Les

heures des repas à 12 heures 45 et pas 12 heures 49, bon, ça comme c'est elle qui les fait, on s'y est habitués. Mais, là, à midi, son « À table ! » c'était un vrai coup de sifflet. Qu'est-ce qu'elle a ? Si ça la fatigue toutes ces courses, ces peluches, ces vaisselles, pourquoi elle les fait ? On pourrait très bien déjeuner à l'américaine : pains variés, tartines au miel ou à la confiture, beurre, fromage, jambon, harengs, œufs au bacon ou à la coque, un brunch, quoi ! Remarque, ça fait grossir et c'est aussi long à préparer.

— Elle en a peut-être marre d'être traitée comme une domestique. On peut pas dire que vous l'aidiez, toi et Lolotte.

— Moi, j'ai besoin de me reposer. T'as l'air d'oublier que je fais ça à longueur d'année. Pour une fois que j'ai droit à des vacances ! Lolotte, c'est pareil. En plus, elle la paie. Et puis il y a pas de raison que ce soient nous, les nanas, qui... Et toi, alors ? Et JJ ?

— Il ne fait que ça, JJ. Il n'arrête pas de tourner autour. Il est tout le temps dans ses jeans, c'est pas possible !

— Tu crois vraiment ? J'avais pas remarqué. Pauvre Lolotte ! Dans son état ! Allez, viens, mon chéri, viens me faire un câlin... C'est pas toi qui irais coucher avec la bonne, hein, mon mimi, c'est d'un vulgaire... Ben, pourquoi tu te relèves ? Où tu vas ? Qu'est-ce qu'il y a ? Qu'est-ce que j'ai dit ? Non, mais ça va pas !

Il quitte la pièce, Roger. Trop, c'est trop. Il descend en pyjama dans la cuisine et il tombe sur le derrière rayé de Papy, la tête plongée dans le frigidaire, à la recherche d'un... d'un... Il est gêné, le pauvre. D'un...

— Un verre de lait ? Vous voulez que je vous le serve ? Ma grand-mère n'allait jamais se coucher sans son verre de lait.

JJ débarque à son tour :

— Buvez pas tout le lait, il en restera plus pour

le petit déj et Sarah... Papy repose son verre de lait. De toute façon il a horreur de ça. Il voulait se faire une tartine avec le reste de rillettes et la manger au lit. Tant pis. Allez, bonne nuit ! Il sort.

Roger attaque JJ, bille en tête.

— Quoi, Sarah ?

— Ben, quand on a fait les courses ce matin, on a prévu le lait du petit déjeuner et si vous...

— Mais pourquoi, toi, les courses ? Moi, je voulais y aller, je demandais pas mieux, c'est elle qui m'a dit que...

— Écoute, ça, Roger, vos histoires, hein...

— Quoi, quoi, nos histoires ? Tu voudrais bien que ce soit la tienne d'histoire, hein ! Tu vois pas que t'es ridicule à essayer de lui faire du gringue ?

— Honnêtement, pas plus que toi. Elle t'envoie péter à longueur de journée. Et tu reviens, la queue entre les jambes, tu fais le beau et t'en redemandes : Allez, sois gentille, sois méchante, fais-moi mal, tape-moi, mords-moi, plus fort, plus fort, encore... Va... ! Je sais pas ce que tu lui as fait, c'est peut-être le coup du conjugo au dodo, mais alors j'ai bien l'impression qu'en ce qui te concerne, c'est l'encéphalogramme plat, Sarah, je vais te dire.

— Mais non, la question n'est pas là ! Tu vois pas qu'elle essaie de me rendre jaloux, qu'elle se sert de toi pour me pousser à bout, qu'elle se fout de toi du tiers comme du quart ? Tu sais pas le genre de fille que c'est ! Froide, calculatrice, intrigante, intéressée, une vraie garce.

— Non, mais je rêve ! Alors qu'est-ce qu'elle fout ici ? Je croyais que tu pouvais pas vivre sans, que c'était ta drogue, ton trip, ta ligne, ton petit morceau de sucre arrosé au LSD, ton septième ciel.

— Oui, c'est vrai, enfin, c'était vrai. Maintenant elle m'exaspère à un tel degré que... Ce que j'en dis, c'est pour toi, JJ. Cette nana, son truc, c'est une bague. À l'annulaire de la main gauche. Certifiée par Monsieur le Maire.

— Ben ça, ça peut peut-être s'arranger. Je suis célibataire, moi, OK ?

— Enfin, voyons, JJ, tu t'es pas regardé... T'es... t'es... t'es pas tellement... Enfin je veux dire, t'es...

— Quoi ? quoi ? Je suis retraité, un vieux retraité, c'est ça ? J'ai jamais que deux ans de plus que toi, je vais te dire, alors... Et physiquement, tu m'excuseras...

— Oui, bon, d'accord, la question n'est pas là, mais enfin, merde quoi, tu vas bientôt être papa, tu as une femme, t'es...

— Non, justement.

— Oh, ça va ! Une compagne, une concubine, c'est pareil, un enfant, deux enfants en comptant Stéphanie.

— Ben, toi aussi, les jumeaux...

— Et si c'étaient des jumeaux, justement, Lolotte ! Ou même des triplés, ça se pourrait, c'est fréquent ça, quand on arrête la pilule, alors pour Sarah, c'est vraiment le gros lot à la tombola de Ploubaslanec : un père de famille nombreuse à la retraite, un homme au foyer coincé entre ses biberons, ses couffins, ses pampers, ses petits pots.

— N'importe quoi ! Des triplés, tout de suite ! Tu sais aussi bien que moi ce qu'elle a toutes les chances d'avoir, Lolotte : une fausse couche. Tu te rends compte de l'âge qu'elle a ? Après les vacances, on lui fait une échographie et s'il s'accroche, on le lui décroche, son mongolien, OK ?

— Pas OK, non. Pas question. Et le statut des embryons, qu'est-ce que t'en fais ? Tu t'assieds dessus ?

— Quel statut ?

— Il y a une commission pour ça, pour définir les droits de tous ces aspirés jetés à la poubelle et de tous ces surgelés bouclés dans leur frigo à – 196 degrés.

— Le droit à quoi ?

— À hériter. Rappelle-toi cet embryon australien. Ses parents, des milliardaires, se sont tués dans un accident d'auto et le fric lui est passé sous le nez.

— Oui, bon, ça, mais pour le reste...

— Le reste, le droit de se réunir, de se syndiquer, d'aller et de venir...

— Tu rêves ! On peut pas les laisser vivre n'importe comment, n'importe où. Ils iraient squatter le premier ventre venu, un ventre de négresse, de lesbienne, le ventre de leur petite sœur, même, qui sait !

— Et alors ? Où est le problème ?

— Enfin, Roger, la consanguinité ! À ce moment-là, ton surgelé, qu'est-ce qu'il devient ? Un aspiré.

Devinez ce qu'elles font en ce moment, Lolotte et Coco. Un petit café ! Pas celui du matin, celui de l'après-midi. Elles se sont invitées chez Jo, une copine des infos géné, informations générales, si vous préférez. C'est la secrétaire du service médecine. Mme Santé-SVP. On lui téléphone des quatre coins de la maison. On vient la consulter. On y va de sa question. Elle répond. Et quand elle sait pas, elle demande à la cantonade dans la salle de rédaction : Si t'as des hémorroïdes et que t'es constipé, tu prends quoi ? J'ai Boudut-Dubout au bout du fil, sa gamine doit se faire opérer des amygdales. Où il faut qu'elle aille ? À quel hôpital ? Lucienne, vous savez, la standardiste, la blonde, ça va faire des semaines que son mari n'est plus opérationnel, qu'est-ce que je lui conseille ?

Les rédacteurs lèvent un nez blasé et tout en continuant à taper leurs papiers lancent : Regarde au dossier impuissance. On a dû faire un truc là-dessus il y a deux-trois mois. Une interview du professeur Je-ne-sais-plus-quoi. Une nouvelle invention. Moins coûteuse, moins invalidante que la greffe d'un morceau de côte ou l'implantation d'une prothèse hydraulique. On s'injecte un produit dans le zizi juste avant de passer à l'acte. Quand on drague, suffit de se balader avec sa seringue et de bien lire les indications avant de se shooter. Si tu dépasses la dose prescrite, le septième ciel t'y montes, mais tu peux plus redescendre.

Là, elles sont seules toutes les trois. Lolotte est venue en consultation. Ce serait pour un lifting. Non, pas pour elle, pour son amie Micheline. Jo plonge dans son fichier :

— Tu pourrais l'envoyer voir le Dr Pointdesut. Il est pas mal. Il a raté le nez de la cousine à la belle-sœur du patron mais bon...

— Qu'est-ce qui s'est passé ?

— Elle avait un nez de tapir, elle voulait un nez de chat, elle a un nez de chouette. T'as Rost : très, très bien, très, très cher. T'as... Lacouture, une vraie petite main, une dentellière. T'as...

Lolotte dresse une liste. Faut que la Miche puisse faire son shopping. Nom, marque de fabrique, label de qualité, adresse, prix... Elle referme son bloc-notes et Jo décroche son téléphone pour la dixième fois depuis une demi-heure qu'elles sont là. C'est la cata ! Elle a un gosse à la clé, une clé qu'on lui accroche au cou le matin et qui lui permet de rentrer seul à la maison après l'école. Et là, on l'a prévenue, la maîtresse a téléphoné, Cyrille, sa clé, il l'a perdue. Faut absolument arriver à joindre la femme de ménage pour qu'elle passe laisser la sienne sous le paillasson. Ça répond pas chez elle ! Qu'est-ce que je fais ? Merde ! C'est pas vrai, un truc pareil. Non, il n'y a pas de gardienne dans son immeuble. Oui, elle a appelé son mari au boulot. Il a fait semblant de pas comprendre : Quelle clé, mais je l'ai ma clé, qu'est-ce que tu racontes ? Elle est dans la poche de ma gabardine. Et il lui a raccroché au nez. Alors, bon, il n'y a pas à tortiller, si elle veut attraper le train de 15 heures 20 à Saint-Lazare pour être rentrée avant le petit il faut qu'elle se casse en vitesse. De toute façon, il est déjà deux heures et demie, c'est pas comme si elle prenait tout son après-midi. Allez, tchao les filles !

Les filles se retrouvent sur le palier. Elles attendent l'ascenseur pour regagner leurs bureaux respectifs. Elles vont en laisser passer plusieurs. Lolotte joue les garçons de courses, aujourd'hui. La Miche, sa commission, c'est fait. Bon, maintenant, JJ.

— D'après toi, il faut qu'il le sorte quand, hein, Coco, son livre ?

— On n'en est pas encore là.

— Si, s'il a bien démarré, il lui reste plus qu'à développer, à étoffer un peu l'intrigue, mais bon, c'est comme si ça y était. Alors, qu'est-ce que tu crois ? La remise du manuscrit, faudrait que ce soit quand ? Décembre ?

— Surtout pas. Si tu le remets à la fin de l'année, ça sortira en mars.

— Et alors ?

— Alors, s'il y a des élections, c'est toujours à ce moment-là. Et t'en vendras pas trois exemplaires. Non, la sortie d'un livre ça se décide pas à la légère. Il y a des moments pour ça.

— Lesquels ?

— La rentrée, très mauvais. T'es noyé dans la masse des candidats au Goncourt, au Fémina, à tout ça. Jusqu'à la fin de l'année, pareil. Il n'y en a que pour les candidats qui auront peut-être ou qui viennent d'avoir le Goncourt, le Fémina, tout ça. Après Noël, t'as la trêve des confiseurs. En janvier tous les mecs qui n'étaient pas candidats au Goncourt, au Fémina, tout ça, rappliquent en masse. Février : sports d'hiver. Mars : out. T'arrives à Pâques. Mai : ponts. Juin : Pentecôte. Ça te mène à la route des vacances, en juillet. En août, t'y es. Et à la rentrée... Pour JJ c'est encore plus compliqué. Son bouquin peut pas paraître en même temps que celui-ci. Ce serait ridicule.

– Lequel ? Je comprends pas de quoi tu parles, là.

– Ben celui où on est, le nôtre, enfin le Sarraute.

– Nous, c'est pour quand ?

– J'ai demandé à Madame de se renseigner auprès des attachés de presse. Paraît qu'on sera en librairie le 1er avril.

– Ça risque pas de faire un peu poisson ?

– Ben justement, comme ça, ça aura l'air de ce que c'est : une blague.

Je suis embêtée, là, les enfants ! Je sais pas quoi faire de JJ. Il se plaît pas en Bretagne. Il rouscaille. Entre Lolotte, son ambition pour lui et Roger, sa jalousie contre lui, il en a plein les bottes. Il m'a demandé si je ne pouvais pas le tirer de là et lui offrir des vraies vacances. Il a essayé de m'avoir par les sentiments. Sa retraite, il voudrait pouvoir en profiter un peu. Il va pas passer le pauvre petit bout de vie qui lui reste à se laisser enquiquiner par des connards. Alors, bon, il se casse, OK ? Comment ça ? Où ça ? Avec le club Med. À Djerba. Mais faut pas le dire aux autres. Des fois qu'ils voudraient y aller avec lui !

J'appelle Françoise Verny, je lui raconte. Alors, elle :

– Qu'est-ce que tu veux que je te dise ?

– Ben, ce que je dois faire. T'es mon conseiller littéraire, non ?

– Écoute, chérie, j'en sais rien, moi. Tout ce que je vois, c'est que tes personnages essaient de se barrer les uns après les autres. Ou tu les emmerdes ou ils se font chier. Ça n'a pas l'air marrant, ton roman. Fleury-Mérogis, c'est rien à côté. Sauf que c'est mieux gardé. Toi il suffit que t'aies le dos tourné pour avoir droit à une tentative d'évasion.

— Bon, alors JJ, j'essaie de le rattraper ou quoi ?

— Honnêtement, je te conseille pas. Il fera sa mauvaise tête. Il provoquera une mutinerie. Et tu vas encore me casser les pieds : Allô, c'est toi ? C'est moi. Qu'est-ce que je dois faire ? JJ, Lolotte, Coco, Roger, la Miche et Papy sont tous en train de taper sur leur gamelle avec leurs cuillers. Tiens, à propos, je me demande si on devrait pas changer de titre. Avec *Allô, Lolotte c'est Coco,* on va nous accuser de tromperie sur la marchandise. Je préférerais *Condamné à quinze pages de lecture ferme.*

— Pourquoi seulement quinze pages ?

— Parce que au bout de quinze pages, tes taulards de lecteurs, on leur accordera une remise de peine. Surtout que là, ils risquent pas de récidiver. Il y en a pas un qui voudra repiquer au livre.

Lolotte s'ennuie toute seule à Paris — Patrice n'est jamais là, il sort avec ses copains. Elle s'invite à dîner chez la Miche : Je viens en sortant du bureau, on se tape un whisky et on se fait un pia-pia, avant le retour de Roger, OK ? À peine est-elle entrée que la Miche l'entraîne dans la chambre à coucher et la plante devant l'armoire à glace.

— Tiens, viens, je vais te montrer un truc. Je suis allée voir Pointdesut. Il peut me faire des retouches, pas de problème. Il va enlever ce plissé soleil autour des yeux. Les nids d'abeilles, là, il les supprime, ça fait vieille petite fille. La paupière en casquette, il la rentre, il fait un ourlet et ça te fait une paupière en bonnet d'évêque, c'est bien plus chouette. Regarde, comme ça, si je tire un peu, là, ça m'irait mieux, non ?

— Tu sais ce que tu dois faire : tu te mets à

quatre pattes devant la glace, tu baisses la tête et tout ce qui pend, tu le reprends. Montre voir... Ben... Tout... Les joues, le front, le cou.

— Très facile. Il fait un point machine à coudre derrière l'oreille et dans les cheveux. Même les shampouineuses n'y voient que du feu.

— Remonte un peu tout ça... Ouais, c'est vrai, c'est super. Mais alors, plus bas, le gras des bras, les seins...

— Ça c'est rien, ça se relève, ça se retrousse, ça s'accroche en bandoulière. Là, maintenant, la mode est aux seins qui tombent un peu au-dessus de la taille. T'as qu'à choisir un modèle sur catalogue. J'en ai vu qui m'iraient très bien.

— Et ça risque pas de rétrécir ?

— Non, si tu les laves à la main, à l'eau froide ou même tiède, ça bouge pas.

— Et pour le ventre, qu'est-ce qu'il verrait, Pointdesut ?

— Un truc très simple, très plat. Tu aspires les bourrelets, tu dégraisses, tu rabaisses la peau et comme t'en as trop, tu raccourcis et tu fais un liséré à la hauteur du bikini.

— Et à l'intérieur des cuisses ?

— Pareil, tu coupes, tu drapes, tu ramènes en rideau bonne femme par-derrière et ça te fait une raie supplémentaire, pas entre, en dessous des fesses. Après, t'as plus qu'à enlever les varices, tu vois, là où ça fait un nœud. Tu tires et ça part comme un fil de bâti.

— Dis donc, et toutes ces fronces aux coudes, aux genoux, t'aimes ? Ça vieillit, je trouve, ça fait un peu rétro.

— Tu crois ? Non, moi ça ne me gêne pas trop. De toute façon, ça il veut pas y toucher, il dit qu'avec les taches de son sur les mains, c'est ce qui griffe le modèle, ce qui prouve que c'est de la haute couture et pas du prêt-à-porter.

Il est ravi, JJ, fou de joie. Je lui ai trouvé un vol Lannion-Orly qui lui permettra d'attraper son charter dans l'après-midi. Il n'a même pas besoin de repasser par chez lui. Il a mis Sarah et Papy dans le secret en les suppliant de le garder. Vous ne le dites à personne, hein ! Promis, juré ? Allez, tchao, amusez-vous bien !

En son absence, Papy a eu une absence. Ce n'est pas la première fois, mais ça a impressionné Sarah. Il était allé aux toilettes, comme tous les matins, après le petit déjeuner, avec son journal, après l'avoir aidée à débarrasser. Il est adorable, ce vieux monsieur, serviable, poli, fin, cultivé, affable. Toujours un mot gentil, une attention, un merci, un je vous en prie, un ne vous dérangez pas, qui viennent tintinnabuler dans la soucoupe d'une Sarah reconnaissante, une Sarah dame-pipi, dame de compagnie, garçon de courses, femme de chambre, cuisinière et homme toutes mains, habituée à donner plus qu'elle ne reçoit.
Au bout d'un quart d'heure, il n'est toujours pas ressorti. Elle s'étonne, hésite à frapper à la porte. C'est un peu gênant quand même. Ça pourrait le choquer, le vexer. Elle se sentirait coupable d'atteinte à la dignité de la personne âgée. Bon, attendons encore dix minutes. Ça y est, là, il est 9 heures 25. Elle toque timidement, discrètement. Pas d'écho. Plus fort. Toujours rien. Elle se détourne, s'en va. On lui a appris qu'on ne répondait pas à quelqu'un d'assez mal élevé pour vous parler quand vous étiez au petit coin.
Et puis bon, tant pis, elle cogne, elle crie. Et le voilà qui lui demande où il est, ce qu'elle veut. Elle voudrait qu'il ouvre la porte. Quelle porte ? Là, droit devant lui au-dessous de la poignée, il trouvera une clé, il suffit de la tourner dans la serrure... Ah oui ! Où avait-il la tête ! Il sort, il la voit troublée, inquiète et il la rassure avec cette courtoisie attentive, aimante, taquine qu'elle appré-

cie tant. Alors, on a eu peur que je tombe dans le trou... Le trou de mémoire, s'entend ! Rassurez-vous, je me suis endormi sur mon journal. Il est d'un ennui ! Rien de plus normal ! J'ai rêvé de vous et c'était si charmant que je n'ai pas voulu me réveiller.

N'empêche, ça l'inquiète un peu, Sarah. Elle installe Papy, au soleil, dans le jardin et elle revient téléphoner, toutes portes fermées, au toubib du coin, le Dr Collaud, un type adorable, drôle, pince-sans-rire. Papy, il le connaît. La semaine dernière déjà, ça n'allait pas. Ce n'était rien : une petite indigestion. Fallait freiner sur la mousse au chocolat et accélérer sur le poisson au court-bouillon. À part ça, il était en parfait état de marche, Papy. Bâti pour vivre jusqu'à cent dix ans.

Dans son cas, ces petites absences, ces oublis, ça tient surtout à l'atrophie d'un cerveau à qui on ne demande plus aucun effort. Il faut l'entraî-ner, l'exercer, comme un muscle. Croyez-moi, ma petite Sarah, s'il n'avait jamais cessé de travailler, il n'en serait pas là. Je vous garantis que moi, dans dix ans, j'aurai encore toute ma tête. Vous devriez lui confier les comptes de votre petit ménage, lui demander de dresser la liste de tout ce qu'il faut acheter, le solliciter constamment au lieu de l'inciter à se reposer. À trop dormir, il va finir par s'endormir pour de bon.

À peine Sarah a-t-elle raccroché, reconnais-sante, rassurée, que le téléphone sonne. C'est Lolotte :

— Qu'est-ce qui se passe ? C'était toujours occu-pé...

— Oui, j'ai appelé Collaud. Papy a eu une petite dérapade.

— Il est tombé ?

— Non, non, un oubli... Il s'est enfermé dans les cabinets et...

— Ah bon ! C'est rien, ça... ! Et JJ, il est là ?

– Non. Non, non. Il est... il est allé faire un tour en ville.

– En ville ! Quelle ville ?

– Ben, je sais pas... Saint-Brieuc, je crois.

– Pour quoi faire ?

– Heu... Les antiquaires.

Fureur de Lolotte ! Muette. Les antiquaires ! Qu'est-ce que c'est que cette histoire ? Il est entièrement meublé en scandinave et en osier. Et son livre ? Il s'assied dessus, c'est ça ? C'est vraiment bien la peine de se payer une sitter : son Papy pique du nez sur son pot et au lieu de bûcher ses devoirs de vacances, son petit vieux garçon va faire le jeune homme dans les crêperies bretonnes. À quoi elle sert, Sarah ? Qu'est-ce qu'elle fout là, toute la journée, on peut savoir ?

Comme elle ose pas le lui demander, elle va s'arranger d'instinct pour que l'autre se pose elle-même la question. Le moyen ? Simple, efficace et sournois. Lolotte n'est pas censée être au courant pour Roger, n'oubliez pas. Alors ça y va :

– Bon, ben tant pis, je le rappellerai, JJ. De toute façon, comme on arrive demain... Ah ! dis donc, faut que je te raconte, je suis passée chez la Miche, hier, tu peux pas savoir ! L'opération séduction, en-avant-toute, est déclenchée : instituts de beauté, crèmes, massages, manucure, balayage blond suédois, elle pense même à un lifting. Elle a une pêche pas croyable. Ils n'arrêtent pas de sortir, les petits dîners aux chandelles, le ciné. Il paraît que c'est le grand pied. La Miche se demande si Roger va pas l'emmener passer huit jours à Venise en août.

– Il voudrait l'emmener, elle, à...

– Non, elle voudrait qu'il...

– Et il a dit oui ?

– Tu connais Roger ! Il a dit : on verra. Bon, allez tchao, ma grande ! Ah ! Patrice m'a chargée de te dire qu'il arriverait à temps pour dîner ce soir. Essaie de mettre les petits plats dans les grands, ça mange à cet âge-là !

Elle en a pris plein la gueule, Sarah. Elle est écrasée, écrabouillée, concassée. Elle hoquette, elle gémit, elle se retient pour ne pas crier. Quel salaud ! Quel infâme salaud ! Et elle, quelle conne, aussi ! Comment a-t-elle pu se laisser mener toute sa vie de bateau vaseux en bateau pourri ?

Elle sent une main se poser sur ses cheveux et la voix apaisante, rassurante de Papy : Là... là... ça fait mal, je sais, très mal, mais ça va passer. Respirez... Fort... mieux... encore... Vous verrez, dans quelque temps, ce gros chagrin se sera dissipé et même le nom de Roger ne vous...

Comment ? Il savait ? Eh oui ! Mais non, personne ne lui a rien dit. Il a tout vu, tout compris. Dès le premier soir. Il suffisait de la regarder. C'était marqué à gros traits irrités, crispés, attristés autour de sa bouche, de ses yeux. Et l'autre avec ses airs de gros toutou trop gâté, tournant en rond dans sa corbeille, se couchant, se relevant, cherchant la position la plus douillette, la plus confortable à adopter ! C'était tellement évident !

Elle ne perd pas grand-chose, Sarah. Elle vaut mille fois mieux que ce plaisantin égoïste, velléitaire, carriériste. Ce n'est pas quelqu'un pour elle. Justement, c'est tout le problème. Ce quelqu'un, elle ne l'a pas trouvé. Elle l'a cherché, pourtant, Dieu sait, sans jamais réussir à s'attacher qui que ce soit. Alors quel qu'il soit, Roger c'était mieux que rien.

Comment ça, rien ? Une fille de son âge, jolie, gracieuse, charmante... Elle doit être entourée de copains, d'amis, de soupirants. Non, non, pas du tout, il se trompe. Elle est entière, réservée, secrète, solitaire. Elle se lie difficilement. On l'a préparée à la vie de couple, à la vie de famille, pas à la vie de groupe. Alors à l'idée de se retrouver, toute seule, dans son petit studio sur cour en plein été, elle a envie de hurler. Et à l'idée de se retrouver, toute bête, devant lui, sous le regard des autres, demain dans cette cuisine, elle a envie de crever. Que faire ? Où aller ?

Patrice a trouvé un stop à la gare de Guingamp. Il s'est fait déposer à cinq cents mètres de la maison et qui il voit planté à la croisée de la route et du chemin de terre, guettant son arrivée ? C'est pas son grand-père ? Si... Non, c'est pas lui : cette vareuse, cette casquette de loup de mer, ce teint bronzé... Pourtant... la canne, les cheveux blancs... Ça alors !

— Hé ! Ho ! Papy ! Je te reconnaissais pas ! T'as maigri, t'as rajeuni, t'as une pêche pas possible ! Qu'est-ce qui t'arrive ?

— Je me marie.

Ça vous en bouche un coin, avouez ! Vous ne vous y attendiez pas, hein ? C'est ce qu'on appelle un effet. Je l'ai placé là exprès, histoire de faire la nique aux tricheurs qui ne peuvent pas s'empêcher de jeter un coup d'œil à la dernière page pour voir comment ça finit. Je vous vois d'ici, vous vous dites : C'était pas la peine de te fatiguer. Ça ne peut que finir comme ça a commencé : dans la connerie. Le mariage de Papy c'en n'est jamais qu'une de plus.

Mais non, c'est très sérieux. Vous voulez que je vous raconte comment ça s'est passé ? Devant cette petite enfant désespérée, ce gros chagrin barbouillé de larmes reniflées, écrasées d'un poing rageur, Papy a craqué. Les rôles se sont inversés. Il s'est retrouvé dans une armure de chevalier, sous un tablier de nourrice. Il a ramassé Sarah, il l'a cajolée, il l'a fait sauter dans ses bras et il lui a proposé de l'enlever, là, maintenant, sur son grand cheval blanc, avant le retour de tous ces méchants garnements qui osent maltraiter sa petite fille. Il la protégerait et plus personne, jamais, n'oserait lui faire du chagrin.

Du coup elle a repris ses sens, Sarah, ses sens et son bon sens. Oui... oui... Merci... Oui... Je veux bien mais pour aller où, comment ? Il n'en savait trop rien, Papy. On verrait bien. L'important c'était de s'en aller le plus vite, le plus loin possible, et de faire d'elle une femme respectable et respectée, une femme mariée.

Vous voyez à peu près la scène ? Pas exactement une scène d'amour. Une scène de tendresse reconnaissante, émue, perplexe. Bon, alors, j'enchaîne sur ce moment tant attendu, le coup de téléphone de Sarah à ses parents pour leur annoncer la grande nouvelle.

— Allô, maman, c'est moi. Écoute, maman, écoute faut que je te dise... Faut que je te dise...

— Quoi, ma chérie ? Quoi, ma chérie ?

— Tu sais, maman, je vais me marier.

— Attends que je m'assoie, ma fille !

— Ah, maman, si tu savais ! Il est gentil, affectueux, attentionné, vraiment adorable... A-do-ra-ble !

— Oh, ma chérie, que je suis heureuse pour toi ! Quel dommage, ton père est pas là. Il est à l'atelier. Mais explique-moi tout bien pour que je puisse lui répéter exactement. Parle lentement surtout. Répète deux fois même... Tu connais ma mémoire ! Vas-y, je suis assise.

— Alors, tu sais, il...

— D'abord comment il s'appelle ?

— Ben... tu sais, on l'appelle Papy, mais...

— Quoi, Papy ? Tu veux pas me dire que tu vas te marier avec un vieux ?

— Mais non, maman, tu sais, on dit Papy parce que c'est gentil, c'est tout.

— Quel âge il a, dis-moi ?

— Maman, écoute, c'est le bonheur. Il m'aime, il m'adore.

— Mon Dieu, que je suis contente ! Mais dis-moi, ma fille, d'abord, ses parents, est-ce que je les connais ?

— Tu sais, ses parents étaient des gens très bien, mais ils sont morts depuis longtemps.

— Comment, ils sont morts ! Alors tes enfants n'auront pas de grands-parents ?

— Mais si, maman, t'es là. Ce sera tout pour toi.

— Ah oui, c'est vrai, c'est vrai. Mais d'abord, il va à quelle synagogue ?

— Ben... écoute, maman, je voulais te dire, écoute, il brûle d'envie de vous connaître. On saute dans le train et on arrive.

— Enfin, Sarah, laisse-moi le temps de faire le ménage tout bien qu'il faut.

— Mais, maman, c'est toujours impec, chez toi. D'ailleurs, Papy, tu sais, pour ça, il fait pas attention.

— Comment, il fait pas attention ! Qui c'est ce type-là, d'abord ?

— Eh bien justement, j'aimerais qu'il retrouve une situation. Il était directeur commercial.

— Oh, comme ça tombe bien ! Ton père, il en cherche un. Et on pourrait vous loger dans le deux-pièces de ton oncle. Ça, on peut arranger... Alors et pour le mariage, quelle synagogue ?

— Celle que tu voudras, maman. On en reparlera demain. On sera là pour dîner. Ah ! Et écoute, maman, il a un appétit, tu n'imagines pas. Il dévore. Il finira tous les plats.

— C'est toujours ça ! Bon, on verra.

Patrice est ravi. Il trouve ça inattendu, marrant, une chance inespérée pour son grand-père qu'il adore et une claque méritée à ce con de Roger. Sans parler de la tête que fera Lolotte quand... Il jubile rien que d'y penser. Mais, oui, bien sûr qu'il va rester là pour les attendre, les autres, et leur faire part de... Vous inquiétez pas, je ferai la commission, comptez sur moi.

Il frétille, il mordille, comme un jeune chien,

au milieu des sacs, des valises qu'on bourre et qu'on boucle dans la bonne humeur, un peu tourneboulé par ce départ précipité. Ce sera quoi, ce sera qui, pour lui, Sarah, hein ? Sa mémé ? Sa Mamy ? S'il viendra à la noce ? Plutôt deux fois qu'une. Il a même déjà une petite idée du cadeau qu'il leur fera.

Et Sarah qui, à force de faire et de refaire sa liste de mariage, serait capable de la réciter à l'envers, dresse l'oreille : c'est quoi ? Deux paires de charentaises brodées, et deux plateaux télé. Elle proteste : Non, mais qu'est-ce qu'il croit ! Ils vont sortir, ils vont s'amuser, aller au restaurant, au ciné. Papy la regarde, attentif, soudain attendri. Elle veut sa revanche et lui ne demanderait pas mieux que de l'aider à la prendre. Encore faut-il que Dieu... Il touche le bois de la porte.

Ses yeux croisent ceux de Patrice. Ils se sourient sans rien dire. Ils ont une pensée pour elle, pour Grany. C'était une de ses superstitions, le chapeau sur le lit, le parapluie ouvert dans la maison, les chats noirs, le bois touché de la main gauche, trois fois, mais attention, pas du bois verni, du bois naturel.

Bon, c'est pas tout ça, mais on va finir par louper le train. Faut y aller, là. Patrice les conduit à la gare et revient à temps pour profiter de la marée. C'est une grande marée. Il doit y avoir du bouquet. Il connaît un coin au bout du sillon de Talbert. Il y en a pour quarante minutes à pied dans un paysage un peu lunaire, sable, vase, algues, rochers et ruisseaux d'eau de mer, si largement découverts que, chaque fois, on s'y perd. Moi, c'est ce que je préfère au monde. Lui aussi.

Quand il revient, un peu grisé, un peu vanné, il a complètement oublié les termes du communiqué de déroute qu'il avait pourtant soigneusement arrêtés en pêchant. Il pousse la porte de la cuisine. Lolotte est assise, coudes écrasés sur la toile cirée, doigts noués. Elle lève des yeux inquiets. Et il lui balance, bêtement brutal :

— Je te raconte pas comment t'es mal.

— Quoi ? Qu'est-ce qui se passe ? La maison est vide.

— Forcément. Ils se sont cassés.

— Cassés-cassés ? Tous les trois ?

— Ben oui.

— JJ, Sarah et Papy ? C'est pas possible ! Pour aller où ?

— Ça dépend qui.

— Ça veut dire quoi ? Je comprends pas. Ils sont pas partis ensemble ? Où est JJ ?

— Au club Med. Il s'est tiré hier.

— Sans un mot, sans rien ! Mais c'est dégueulasse ! Ah, le salaud !

— Il avait chargé Papy de transmettre le message. Et puis, bon, comme Papy... C'est sur moi que ça retombe.

— Mais comment il a pu faire ça ?

— Tu sais, c'est pas difficile. Un ou deux coups de fil, un chèque barré, une enveloppe timbrée, un sac de voyage et t'y vas : les passagers du vol 615 à destination de Tahiti sont priés de se présenter...

— Les passagers ? Qu'est-ce que tu essaies de me dire là, Patrice ? Il était pas seul ? Il était avec elle, avec Sarah, c'est ça ?

— Non, Papy.

— Il était avec Papy ?

— Mais non, voyons, Lolotte. C'est Sarah qui est avec lui.

— Ben, c'est ce que je dis, ils sont partis ensemble, Sarah et JJ.

— Ah ! ce que t'es lourde ! Tu le fais exprès ou quoi ? Non, c'est pas ça, c'est Sarah et Papy.

— Ah ! je préfère. Rien qu'à l'idée de JJ et de...

— Et à l'idée de Papy et de... Rien ? Pas un oh ? pas un ah ? pas un geste de stupeur muette ? pas un haussement de sourcils ? Tu fais relâche ?

– Enfin, c'est pas pareil !

– Ah ! là, t'as raison. C'est beaucoup plus sérieux. S'agit pas d'un amour de plage ou d'un flirt de vacances, s'agit de mariage. À Strasbourg. Début septembre. Les parents de la mariée recevront après la cérémonie religieuse. T'es invitée.

– Tu me fais marcher ! Non ? Tu me le jures sur ta tête ? Ça alors !

Entre Roger.

Lolotte se tourne vers lui, furibarde :

– Ah ! te voilà, toi ! Où t'étais passé ? Tu connais la nouvelle ? Tiens, Patrice, file-lui un faire-part : Papy et Sarah sont heureux d'annoncer leurs fiançailles. La bénédiction nuptiale leur sera donnée à Strasbourg par le grand rabbin en présence des proches, des amis, des strictement intimes et de tout le saint-frusquin. Ah ! et j'oubliais, t'as le bonjour de JJ. Lui, il est allé draguer au club Med mais il a promis de rentrer à temps pour la cérémonie.

Exit Roger.

Lolotte crie après lui, furibarde.

– Roger ! Ho, Roger ! Ce culot ! C'est tout ce qu'il trouve à dire ? Enfin, c'est sa faute si mon bébé a perdu son papa et moi le mien, si on est orphelins, tous les deux ? Où c'est qu'il croit qu'il va comme ça, le salaud ?

Alors Patrice :

– Enfin voyons, Lolotte, il se sent un peu douché, un peu déjeté, un peu négligé. Il est allé demander à sa femme de passer ses cornes à l'encaustique et à la peau de chamois, pour que ça fasse un peu plus net, un peu plus reluisant.

Exact. Roger est sorti de la maison, hors de lui. Sur qui il tombe ? Sur la Miche. Elle rentrait le linge pour pas qu'il prenne l'humidité de la nuit. Et de la voir à la fois si transparente et si encombrante, il éclate en gros sanglots. C'est terrible, un homme qui pleure, c'est stupéfiant. On a l'impression d'assister en direct à une catastrophe naturelle, un tremblement de terre, l'éruption d'un volcan, un raz de marée, enfin, un de ces trucs qui n'arrivent qu'à la télé.

Elle le regarde bouche bée, bras ballants, sa pile de serviettes, de torchons et de draps écroulée à ses pieds.

— Qu'est-ce que t'as à pleurer comme ça ?

— Papy a été enlevé.

— Enlevé-enlevé ? Tu veux dire kidnappé ? Par qui ?

— Par Sarah.

— Je comprends pas... Pour obtenir quoi ?

— Ma libération. Si tu ne me laisses pas partir avec elle pendant trois semaines, elle se l'emmène en voyage. De noces. Ou je divorce ou elle l'épouse.

— Ah, je vois ! Alors la grosse, c'était ça ! Non mais, Roger, tu ne penses pas une seconde que je vais céder à un détournement de vieillard. Il n'en est pas question. Et puis arrête de pleurnicher. La seule attitude à adopter face au chantage, c'est l'intransigeance, la fermeté. Autrement, il y a pas de raison que ça s'arrête.

— Mais si, je t'assure. Je me rends et elle nous le rend. Donnant-donnant. Pas de problème.

— Tu parles ! Et à votre retour de vacances, elle piquera les jumeaux à la sortie du lycée et elle me les renverra par petits morceaux, un orteil, une phalange, un lobe d'oreille. Si tu veux les revoir, dis au revoir à ton mec. Suffira que j'aille à la banque pour qu'elle organise un hold-up avec prise d'otage. Elle me mettra le revolver sur la tempe : ou il se tire ou je tire.

— Enfin, Micheline, pense à l'angoisse, au martyre de ce pauvre Papy !

— Où est-ce qu'elle le planque ?

— Chez ses parents à Strasbourg.

— Ah, ben alors là, c'est foutu ! Faut se résigner.

On le récupérera jamais. Ils vont lui faire un lavage de cerveau, lui bourrer le mou à coups de foie de volaille et de carpe farcie, le saouler à la vodka. Et après, il dira oui à tout. Y compris à Monsieur le Maire.

— Ça me rend malade !

— Allez, mon chéri, allez, sois raisonnable. Tu peux pas le tirer de là. C'est impossible. Et à l'impossible nul n'est tenu. Il ne souffrira pas, tu sais, il ne se rendra compte de rien. Tiens, ramasse donc ce linge et va l'étendre au garage. Moi, pendant ce temps, je vais lui offrir mes condoléances à Lolotte. Elle va recevoir son paquet, cette salope !

En ce moment, à la radio, on n'entend que ça, une fille qui chante : J'veux pas savoir qui tu vas voir quand tu r'viens tard, j'veux pas l'savoir, ça m'fout le cafard... C'était un peu son attitude, à la Miche. Elle avait des doutes, elle en avait même des tas, mais bon, tant que ce ne sont pas des certitudes, on peut vivre avec, s'arranger autour ou, au contraire, prendre, un beau jour, un jour de pêche, de confiance en soi, l'initiative. Contre-attaquer. Retourner la situation en l'affrontant, en exigeant des explications : je veux savoir qui tu vas voir quand tu r'viens tard, je veux savoir...

Là, pour le moment, la Miche a gagné au jeu de la non-vérité. Et Lolotte a perdu. Normal, au fond, elle a triché. Elle aurait pas dû introduire la dame de cœur sortie de la manche de Roger dans cette partie truquée. À elle de payer les pots cassés. Elle vient de recevoir la note. Salée ! Les rentrées Papy, terminé. Ça va lui coûter un énorme investissement affectif, tout un portefeuille d'obligations tendres, agacées, possessives et finalement très payantes. Et, attendez, sortir JJ trois semaines de son budget vacances, comme

154

ça, à l'improviste, même si elle peut compter sur une rentrée fin août, c'est la cata ! Où aller maintenant ? Avec qui ?

Le soir même Lolotte reprend le train pour Paris avec Patrice et dès le lendemain matin, elle se précipite dans le bureau de Coco :

— Dis donc, Mykonos, t'y vas toujours avec ton petit Anglais, parce que autrement, moi, je serais bien venue avec toi.

— Tu tombes bien. On s'est brouillés.

— C'est pas la première fois.

— Non, c'est la dernière. Il m'a demandé un truc. J'ai pas voulu lui donner. Et il est parti en claquant la porte.

— Ça, entre toi et Ned, vous l'aurez vraiment pourri ce petit mec ! Qu'est-ce qu'il voulait encore ?

— Un ovule.

— Pour quoi faire ?

— Un bébé.

— Attends, attends, je suis larguée, là, je comprends pas très bien...

— Ben, oui, quoi, il voulait que je lui file un ovule et Ned un spermato. On lui aurait mixé ça au labo. Et après, la petite graine, il restait plus qu'à lui planter...

— Où ça ?

— Dans le ventre. Enfin, Lolotte, les hommes enceints, c'est pour demain, tu sais bien.

— C'est vraiment la grande folle, ton petit British, dis donc ! Remarque, moi ça me plairait bien. On irait chez Paterna lui choisir une robe à smocks. On parlerait de nos nausées, de nos envies, on échangerait des points de tricot pour les layettes... Pourquoi tu lui as refusé ça ? T'es pas à un ovule près !

— Non, mais ça va pas la tête ! C'est un danger fou : une grossesse extra-utérine, une césarienne...

— C'est rien, ça, Coco, on t'endort et pour la cicatrice, il paraît que maintenant c'est caché dans les poils, six semaines après tu vois plus rien.

– N'importe quoi ! Moi, je connais une fille, ils lui ont ouvert le ventre de haut en bas, ils l'ont coupée en deux comme un melon, je te raconte pas. Et ces giclées d'hormones, c'est sûrement très mauvais pour la santé. Comment Ned peut exiger ça de lui, ça me dépasse.

– Ah ! Parce que...

– Oui. Remarque, lui a l'air d'y tenir beaucoup aussi. J'ai eu droit au couplet sur l'ivresse de donner la vie, de sentir bouger en soi le doux fruit de ses entrailles. Il voulait que ce soit un enfant de l'amour, de notre amour à tous les trois.

– C'est plutôt gentil, non ?

– C'est grotesque. Entre Ned et moi...

– Il y a David.

– Justement ! On se le dispute comme un gosse de parents divorcés : tu l'as eu pendant quinze jours, maintenant c'est mon tour. Son blouson, sa chaîne stéréo, c'est moi qui lui ai donnés. Pourquoi ce serait encore moi qui me fendrais d'un ovule ? Ned n'a qu'à lui en acheter un. Aux États-Unis il y en a de très bien, tu les choisis sur catalogue et comme ça, au moins, tu risques pas de voir la donneuse se raviser après coup et venir semer la perplexité dans l'esprit du gamin en lui disant : C'est pas lui ta mère, faut pas croire, c'est moi !

– T'as bien raison, mon Coco. Ils n'ont aucun besoin de toi pour jouer au papa et à la maman, ces deux-là. N'y pense plus et dis-moi ce que je dois emporter comme jean, comme short, tout ça. Je veux que tu sois fière de ta Lolotte. On va se faire un vrai petit voyage de noces en filles. Ça va être super !

C'est seulement deux jours plus tard à Roissy que Lolotte a compris son malheur. Elles se sont offert, au tourniquet des livres de plage, deux grosses portions de rêves sur papier brouillon. Tu prends ça, moi ça et quand on a fini, on échange. Et, là, dans la salle d'embarquement, il y a un monde fou, elles sont debout, leurs sacs de voyage à leurs pieds. Lolotte, brusquement, se retrouve toute seule. Coco s'est approchée d'un ravissant minet en jean délavé et blouson assorti à la couleur de ses yeux : Vous n'auriez pas du feu ?

Merde ! Elle n'y avait pas pensé, c'est évident, ça lui pend au nez comme un sifflet de deux sous, cette salope va la plaquer. Pas gênée. Elles sont pas mariées ensemble, hein ! Ça sera pas la valse-hésitation façon Roger, ça va être la java vache : Tu me veux, je te veux plus, allez tchao ! Tu sais, le grand blond de la taverne, hier soir, Sergio, Hans ou Bogdan, il se casse, il va à Patmos, je l'accompagne. Tiens, voilà mon bouquin, j'en aurai pas besoin.

Fouaillée par le danger, Lolotte se jette sur le petit mec en bleu layette et, lui désignant du doigt la tête de Coco penchée sur son briquet, elle lui balance : Tu touches pas à ça. C'est sale, c'est caca. En plus ça mord et ça a le Sida.

Non, mais des fois !

Cinéma et TV

De nombreux romans publiés par J'ai lu ont été portés à l'écran ou à la TV. Leurs auteurs ne sont pas toujours très connus; voici donc, dans l'ordre alphabétique, les titres de ces ouvrages :

A la poursuite du diamant vert 1667 ★★★ — Joan Wilder
Alien 1115 ★★★ — Alan Dean Foster
Angélique marquise des anges
L'ami Maupassant 2047 ★★ — Guy de Maupassant
L'Australienne 1969 ★★★★ & 1970 ★★★★ — Nancy Cato
Bigfoot et les Henderson 2292 ★★★ — Joyce Thompson
Blade runner 1768 ★★★ — Philip K. Dick
Bleu comme l'enfer 1971 ★★★★ — Philippe Djian
La brute 47 ★★★ — Guy des Cars
Cabaret (Adieu à Berlin) 1213 ★★★ — Christopher Isherwood
Carrie 835 ★★★ — Stephen King
Châteauvallon
  1856 ★★★★ , 1936 ★★★★ & 2140 ★★★★ — Eliane Roche
Christine 1866 ★★★★ — Stephen King
La couleur pourpre 2123 ★★★ — Alice Walker
Coulisses 2108 ★★★★★ — Alix Mahieux
Cujo 1590 ★★★★ — Stephen King
Des fleurs pour Algernon 427 ★★★ — Daniel Keyes
2001 l'odyssée de l'espace 349 ★★ — Arthur C. Clarke
2010 : odyssée deux 1721 ★★★ — Arthur C. Clarke
Le diamant du Nil 1803 ★★★ — Joan Wilder
Dynasty 1697 ★★ & 1894 ★★★ — Eileen Lottman
E.T. l'extra-terrestre 1378 ★★★ — Spielberg/Kotzwinkle
E.T. La planète verte 1980 ★★★ — Spielberg/Kotzwinkle
L'exorciste 630 ★★★★ — William P. Blatty
Les exploits d'un jeune don Juan 875 ★ — Guillaume Apollinaire
Le faiseur de morts 2063 ★★★ — Guy des Cars
Fanny Hill 711 ★★★ — John Cleland
Fletch 1705 ★★★ — Gregory Mcdonald
La folle histoire de l'espace 2294 ★★★ — Mel Brooks/J.B. Stine
Le Gerfaut 2206 ★★★★★ & 2207 ★★★★★★ — Juliette Benzoni
Jonathan Livingston de goéland 1562 ★ illustré — Richard Bach
Joy 1467 ★★ & **Joy et Joan** 1703 ★★ — Joy Laurey
Le joyau de la couronne
  2293 ★★★★★ & 2330 ★★★★★ — Paul Scott

Kramer contre Kramer 1044 ★★★ — Avery Corman
Le lendemain du crime 2199 ★★ — Eileen Lottman
L'arme fatale 2231 ★★★★ — Joel Norst
Le livre de la jungle 2297 ★★ — Rudyard Kipling
Love story 412 ★ — Erich Segal
Mad Max au delà du dôme du tonnerre 1864 ★★★ — Joan D. Vinge
Michigan Mélodie 1289 ★★ — Jacqueline Monsigny
9 semaines 1/2 2259 ★★ — Elizabeth McNeill
Mission 2092 ★★★ — Robert Bolt
Les oiseaux se cachent pour mourir
    1021 ★★★★ & 1022 ★★★★ — Colleen McCullough
Orphée 2172 ★★ — Jean Cocteau
Le paltoquet (On a tué pendant l'escale)
    1647 ★★★ — F.-R. Falk
Pavillons lointains 1307 ★★★★ & 1308 ★★★★ — M.M. Kaye
La petite boutique des horreurs 2202 ★★★ illustré — R. & L. Egan
Peur bleue 1999 ★★★ — Stephen King
Platoon 2201 ★★★ — Dale A. Dyle
Police 2021 ★★★ — Catherine Breillat
Poltergeist I 1394 ★★★ — James Khan
Poltergeist II 2091 ★★ — James Khan
Pu-Yi / J'étais empereur de Chine 2327 ★★★★★★ — Pu-Yi
Qui c'est, ce garçon ? 2043 ★★★ — Nicole de Buron
Racines 968 ★★★★ & 969 ★★★★ — Alex Haley
Rencontres du troisième type 947 ★★ — Steven Spielberg
Robocop 2310 ★★★ — Ed Naha
Rosemary's baby 342 ★★★ — Ira Levin
Sauve-toi, Lola ! 1678 ★★★★ — Ania Francos
Le secret de la pyramide 1945 ★★★ — Alan Arnold
Le secret de mon succès 2216 ★★★ — Martin Owens
Shining 1197 ★★★★ — Stephen King
Le souffle de la guerre
    575 ★★★★★, 576 ★★★★★ & 577 ★★★★★ — Herman Wouk
Star Trek 1071 ★★ — Gene Roddenberry
Terminus 2122 ★★ — Patrice Duvic
Thérèse Humbert 1838 ★★ — Laurence Oriol
Tous les fleuves vont à la mer
    1479 ★★★★ & 1480 ★★★★ — Belva Plain
37°2 le matin 1951 ★★★★ — Philippe Djian
La tricheuse 125 ★★★ — Guy des Cars
Tropique du crabe 2198 ★★★ — André Rossfelder
Un mari c'est un mari 823 ★★ — Frédérique Hébrard
Vas-y maman 1031 ★★ — Nicole de Buron

Composition Communication à Champforgeuil
Impression Brodard et Taupin
à La Flèche (Sarthe) le 30 juillet 1988
1013A-5 Dépôt légal juillet 1988
ISBN 2-277-22422-7
1er dépôt légal dans la collection : mai 1988
Imprimé en France
Editions J'ai lu
27, rue Cassette, 75006 Paris
diffusion France et étranger : Flammarion

2422